DIOSES DEL MÉXICO ANTIGUO

DIOSES
DEL MÉXICO ANTIGUO

AntiguoColegioDe
SAN ILDEFONSO

Antiguo Colegio de San Ildefonso
Diciembre de 1995 - Agosto de 1996

La edición de este catálogo fue posible gracias a la aportación de

FOTOGRAFÍA: RAFAEL DONIZ
Asistente: Rafael Ávila Guzmán

Portada: *Huehuetéotl-Xiuhtecuhtli*, Museo del Templo Mayor, INAH.
Edición, diseño y producción: Ediciones del Equilibrista S.A. de C.V. / Turner libros S.A.
© Antiguo Colegio de San Ildefonso
Primera edición, 1995
Primera reimpresión, abril de 1996
Segunda reimpresión, mayo de 1996

ISBN: 968-7318-19-8
Depósito legal: M-36548-1995

AGRADECIMIENTOS

Esta exposición no hubiera sido posible sin la colaboración de las siguientes instituciones y museos:

Fundación Amparo / Museo Amparo
Museo de Antropología de Xalapa
Museo Arqueológico de Apaxco. Insituto Mexiquense de Cultura
Museo Arqueológico del Estado de México. Instituto Mexiquense de Cultura
Museo Arqueológico del Estado de México. "Dr. Román Piña Chan". Instituto Mexiquense de Cultura
Museo Universitario Contemporáneo de Arte. Universidad Nacional Autónoma de México

Museos del Consejo Nacional para la Cultura y las Artes / Instituto Nacional de Antropología e Historia
    Museo Nacional de Antropología
    Museo Regional de Campeche
    Museo Regional Cuauhnáhuac, Morelos
    Museo Regional de Mérida (Palacio Cantón)
    Museo Regional de Pachuca
    Museo Regional de Puebla
    Museo de Sitio de Cuicuilco
    Museo de Sitio de Santa Cecilia
    Museo de Sitio Xólotl de Tenayuca
    Museo del Templo Mayor
    Zona Arqueológica de Chichén-Itzá
    Zona Arqueológica de Teotihuacan

Se agradece a la *Asociación de Radiodifusores del Distrito Federal*, su valioso apoyo en la difusión de esta exposición.

ÍNDICE

PRESENTACIÓN

La muestra *Dioses del México antiguo*, que reúne alrededor de 200 piezas, entre esculturas, vasijas, relieves, lápidas, máscaras y utensilios diversos de origen prehispánico, constituye un acervo ilustrativo de la recreación plástica que se hizo de los dioses en el mundo mesoamericano.

La historia de los pueblos prehispánicos revela una riqueza inagotable de expresiones artísticas que fueron permeadas por un profundo espíritu religioso. Tanto el grado de complejidad de las estructuras sociales como las relaciones entre diversas culturas se han llegado a conocer a través de los vestigios del culto a las deidades, que conforman el panteón de las civilizaciones mesoamericanas. Tal es el caso de los dioses Huehuetéotl, Tláloc, o Quetzalcóatl cuya presencia, bajo diversas formas, es una constante en diferentes regiones.

El propósito de una exposición como ésta, única en su género tanto por el tema al que se dedica como por la calidad de la obra que reúne, es despertar el interés del público en la cosmovisión de los pueblos prehispánicos de Mesoamérica.

En torno a la muestra se ha llevado a cabo una amplia investigación en la que han participado expertos historiadores como Miguel León-Portilla y Alfredo López Austin, y arqueólogos de la talla de Felipe Solís y Eduardo Matos Moctezuma, responsable, este último, de la curaduría de la muestra.

La presentación de *Dioses del México antiguo* es el resultado de la abierta colaboración de diversos museos, algunos particulares, otros dependientes del Instituto Nacional de Antropología e Historia, y se suma a la serie de exposiciones que el Antiguo Colegio de San Ildefonso ha venido presentando, desde que, en 1992, se revitalizara y asumiera una nueva vocación como espacio museográfico.

Con esta muestra prosigue la labor conjunta de la Universidad Nacional Autónoma de México, el Consejo Nacional para la Cultura y las Artes y el Departamento del Distrito Federal de presentar en los espacios del Antiguo Colegio de San Ildefonso, junto con exposiciones que recogen los más deslumbrantes testimonios de otras culturas del mundo, las más representativas manifestaciones artísticas que nos vinculan con nuestros orígenes.

JOSÉ SARUKHÁN KERMEZ
Rector de la Universidad
Nacional Autónoma de México

RAFAEL TOVAR Y DE TERESA
Presidente del Consejo Nacional
para la Cultura y las Artes

OSCAR ESPINOSA VILLARREAL
Jefe del Departamento
del Distrito Federal

PRESENTACIÓN

El Antiguo Colegio de San Ildefonso ha sido durante tres años consecutivos escenario de grandes exposiciones que dieron a conocer tanto civilizaciones lejanas, a través de colecciones de museos extranjeros, como aspectos relevantes de nuestro patrimonio; la idea de abrir nuestros espacios al mundo prehispánico se inscribe en ese contexto.

La muestra *Dioses del México antiguo* surgió por el interés de presentar una exposición dedicada al arte prehispánico; al ser consultado, el profesor Eduardo Matos Moctezuma aceptó con gran entusiasmo encabezar la curaduría de una exposición que diera a conocer la escultura prehispánica y, más específicamente, su expresión religiosa.

De común acuerdo invitamos al profesor Miguel Ángel Fernández y al arquitecto José Enrique Ortiz Lanz a hacerse cargo de la museografía de tan importante muestra.

La coordinación del catálogo, memoria de la exposición, estuvo a cargo del profesor Matos, quien invitó a los doctores Miguel León-Portilla y Alfredo López Austin, ambos de la Universidad Nacional Autónoma de México, y al arqueólogo Felipe Solís, del Instituto Nacional de Antropología e Historia, a que enriquecieran esta publicación con textos relativos a la cosmovisión mesoamericana, su concepción del tiempo, sus rituales y su mitología. Asimismo se cuenta con dos textos del propio curador, Eduardo Matos Moctezuma, y uno más de los museógrafos, Miguel Ángel Fernández y José Enrique Ortiz Lanz.

La difícil y compleja tarea del proceso de selección de la obra no hubiera sido posible sin la invaluable colaboración del arqueólogo Felipe Solís.

Quisiera agradecer especialmente al Instituto Nacional de Antropología e Historia, cuya directora, la licenciada María Teresa Franco, desde un principio acogió el proyecto con entusiasmo y brindó todo su apoyo.

La extrema generosidad del Museo Nacional de Antropología, expresada a través de su directora, la doctora Maricarmen Serra Puche, hizo posible que muchos de los tesoros que conforman el excepcional acervo de este museo pudieran ser exhibidos en nuestras salas.

Una exposición es siempre un formidable trabajo de equipo, en el cual la participación de todos es indispensable e invaluable, y por ello obliga un especial agradecimiento a Lourdes Cué, David Aceves, Rubén Rocha, Margarita Montaño, Ofelia Martínez y, por supuesto, a Yolanda Trejo.

La edición del catálogo de la exposición *Dioses del México antiguo* ha sido posible gracias al generoso apoyo del Grupo Tribasa.

DOLORES BÉISTEGUI
Coordinadora Ejecutiva
Antiguo Colegio de San Ildefonso

14

EL HACEDOR DE DIOSES...

El hombre tiene el poder de crear a los dioses. Los hace con sus virtudes y defectos, con su bondad y maldad, con su vida y con su muerte. El hombre prehispánico vivía y moría de acuerdo a la voluntad de los dioses y éstos regían todos los ámbitos del universo, desde la creación de otros dioses hasta los diversos niveles de la estructura universal —tierra, cielo e inframundo— a la vez que eran los señores del tiempo. Crearon el calendario, el fuego, el sol y la luna y en portento maravilloso lograron darle presencia al hombre, centro de la atención de los dioses que de esta manera retribuyen al hombre mismo el acto creador que éste ha realizado al darles vida y declinar en ellos los actos de creación que a través del mito cobran fuerza y realidad.

En la *Historia de los mexicanos por sus pinturas* podemos leer cómo correspondió a los dioses realizar los actos de creación antes dichos. Dice así el relato:

"Pasados seiscientos años del nacimiento de los cuatro dioses hermanos, y hijos de Tonacatecli (Tonacatecuhtli), se juntaron todos cuatro y dijeron que era bien que ordenasen lo que habían de hacer, y la ley que habían de tener, y todos cometieron a Quetzalcóatl y a Uchilobi (Huitzilopochtli), que ellos dos lo ordenasen, y estos dos, por comisión y parecer de los otros dos, hicieron luego el fuego, hicieron medio sol, el cual por no ser entero no relumbraba mucho sino poco. Luego hicieron a un hombre y a una mujer: el hombre dijeron Uxumuco, y a ella Cipastonal, y mandáronles que labrasen la tierra, y que ella hilase y tejiese, y que dellos nacerían los macehuales, y que no holgasen sino que siempre trabajasen y a ella le dieron los dioses ciertos granos de maíz, para que con ellos ella curase y usase de adevinanzas y hechicerías, y ansí lo usan hoy día a facer las mujeres. Luego hicieron los días y los partieron en meses, dando a cada mes veinte días y ansí tenía diez y ocho, y trescientos y sesenta días en el año, como se dirá adelante. Hicieron luego a Mi-tlitlatteclet (Mictlantecuhtli) y a Michitecaciglat (Mictecacíhuatl), marido y

◀ Catálogo 1. Detalle.

mujer, y estos eran dioses del infierno, y los pusieron en él; y luego criaron los cielos, allende del treceno, y hicieron el agua, y en ella criaron a un peje grande que se dice cipoa cuacli (Cipactli), que es como caimán, y deste peje hicieron la tierra…" (*Historia…*, 1886.)

Del relato anterior podemos destacar varias cosas. En primer lugar, la presencia de la dualidad como elemento fundamental para crear a otros dioses. Esto está presente en la mención de *Tonacatecuhtli*, señor de nuestro sustento, que encierra en sí la pareja primigenia creadora que por otro nombre tienen los de Ometecuhtli y Omecíhuatl, el señor y la señora Dos. Habitan en el treceavo cielo (el Omeyocan o lugar Dos) como principio dual también sintetizado en Ometéotl. Dos serán los dioses que asuman la misión de los actos de creación: Quetzalcóatl y Huitzilopochtli y dos serán también —hombre y mujer— a quienes se les asignen las labores cotidianas. A ello hay que agregar que, al momento de crear los diversos niveles de su concepción universal, la pareja creadora ubica a dos dioses en el inframundo como equilibrio con Ometéotl. ¡Y aún hay quien duda que el principio esencial del mundo prehispánico fue la dualidad…!

¿De dónde partía el principio dual? Manifestada a través de la poesía y de los mitos, la dualidad estaba presente en la naturaleza. La necesidad del agua para que nacieran las plantas llevó a los pueblos mesoamericanos a la observación constante de los ciclos de lluvia y de secas; conforme a ello elaboró un calendario en donde los dioses tenían relación con ambos aspectos. La misma estructura del universo se concebía con tres niveles —ya hemos visto en el relato cómo fueron creados— y cuatro rumbos regidos cada uno por un dios, un glifo, un color y un árbol. Pero esa estructura a su vez se formaba de contrapartes: el norte era el lugar del frío y de la muerte, de lo seco; en tanto que el sur lo era de lo húmedo y de la fertilidad. Otro tanto ocurría con el este y el oeste. Al primero correspondían el color rojo y el glifo caña; era el lugar por donde salía el Sol después de haber alumbrado el mundo de los muertos acompañado de los guerreros muertos en combate y sacrificio, a los que se les destinaba ir con el Sol desde el amanecer hasta el mediodía; por lo tanto, era el rumbo masculino del universo, a diferencia del oeste que se relacionaba con lo femenino, pues las mujeres muertas en parto se convertían en *Cihuateteo*, mujeres diosas, a las que se les deparaba acompañar al Sol desde el mediodía hasta el atardecer, de ahí que a este rumbo se le conozca como Cihuatlampa o rumbo de las mujeres. Así pues, este mundo de dualidades quedó plasmado de manera significativa en la concepción del universo, en los dioses mismos y en el quehacer cotidiano del hombre mesoamericano.

Otros pueblos de Mesoamérica muestran similitud con lo antes dicho. En el *Popol-Vuh*, Libro Sagrado de los Quichés, podemos leer cómo la dualidad Tepeu-Gucumatz va a crear la tierra y a separarla de las aguas, pero su principal preocupación es la creación del hombre: "No habrá gloria ni grandeza en nuestra creación y formación hasta que exista la criatura humana, el hombre formado", dijeron los dioses y luego crearon a la pareja de ancianos, nuestros abuelos llamados Ixpiyacoc e Ixmucané, equivalentes a Cipactonal y Oxomoco, y les dijeron:

"Entrad, pues, en consulta, abuelo, abuela, nuestra abuela, nuestro abuelo, Ix-piyacoc, Ixmucané, haced que aclare, que amanezca, que seamos invocados, que seamos adorados, que seamos recordados por el hombre creado, por el hombre formado, por el hombre mortal, haced que así se haga." *(Popol-Vuh.)*

Finalmente el hombre va a ser creado del maíz, la planta primigenia que los dioses han conservado para los hombres. Y una vez más la dualidad estará presente en el viejo relato maya cuando son creados los jóvenes Hunahpú e Ixbalanqué a quienes les corresponde ir al mundo de los muertos, a Xibalbá, en donde tras grandes peripecias que acompañan el viaje al inframundo juegan a la pelota y derrotan a los señores de Xibalbá.

Las similitudes son asombrosas. Bien podemos afirmar que estamos ante una religión mesoamericana con las variantes propias de cada región, la que le imprime su sello particular. Y es que las necesidades de estos pueblos requieren de respuestas similares que el hombre deposita en manos de los dioses. Algo importante se desprende de las palabras del *Popol-Vuh* y de los relatos nahuas: el hombre es el centro de preocupación de los dioses y se les va a crear para que los adoren y recuerden… Y surge el ritual. Será a través del rito que los hombres recreen los mitos y rindan culto a los dioses: el juego de pelota, las ofrendas, el sacrificio, los templos, los espacios sagrados, todo va dirigido al culto. Se repiten ceremonias que recuerdan los actos de creación, el nacimiento de determinado dios, la lucha entre la noche y el día simbolizada en el juego de pelota… en fin, que el hombre, el creado por la penitencia y por la muerte ritual de los dioses les retribuye con creces la razón de haber sido creado. De esta manera el hombre mantiene el equilibrio del universo a través del sacrificio, del ritual, de la sangre. Es aquí en donde el hombre adquiere el carácter divino: se sacrifica a sí mismo para ofrendar lo más preciado que tiene: su vida, su corazón, pues de esa muerte ritual en que el hombre representa al dios al cual se le inmola va a surgir y mantenerse la vida, el ritmo del universo, la sucesión de la noche y del día. Acto creativo, del sacrificio del hombre y de su muerte ritual volverá a surgir la vida al igual que de la temporada de secas vuelve, una vez más y dentro de un ciclo constante, a nacer la vida.

Y este es el sentido que le hemos dado a esta presencia de los dioses que hoy vamos a recorrer. De la cosmovisión o estructura universal con sus niveles y rumbos pasamos al ritual ejemplificado en el juego de pelota y en todo aquello que nos lleva a la adoración de los dioses. De allí pasamos a la concepción del tiempo y a la presencia de la dualidad vida-muerte que vemos presente desde épocas muy tempranas en Mesoamérica. Después entramos al recinto de los dioses de la vida para culminar nuestro recorrido ante el rostro de la muerte.

Lo anterior es posible gracias al poder creativo del hombre. Creó a sus dioses moldeando el barro y tallando la piedra. Así como el hombre nació del maíz y de la voluntad de los dioses, éstos nacen de la piedra, del barro y de la voluntad de manos geniales que supieron dotar de vida a la materia muerta.

Iniciemos nuestro viaje para estar, frente a frente, ante los dioses hechos por los hombres. Si bien nuestra línea rectora son los dioses del centro de México, tene-

mos derivaciones hacia las deidades de otras regiones de Mesoamérica que están presentes con toda su carga ancestral y como ejemplo de que los dioses, en todas las épocas y en todas las circunstancias dentro del tiempo y espacio mesoamericanos, fueron obra de los hombres que un día decidieron dejar su poder creador en manos de los dioses...

Otoño de 1995.

EDUARDO MATOS MOCTEZUMA

◄ Catálogo 2. Detalle.

19

20

LOS MEXICAS Y SU COSMOS

LOS ANTECESORES DE LOS MEXICAS

Se afirma que el mesoamericano fue "el hombre de maíz". Lo dicho es justo. Se nutrió de maíz, y el cultivo del maíz fue la base de su civilización. Con el modelo de la vida de la planta del maíz construyó el arquetipo del devenir cósmico. Puede afirmarse, por tanto, que el pensamiento mesoamericano empezó a forjarse, a sentar las bases que no abandonaría durante milenios, cuando los cazadores-recolectores, 2 500 años después de haber aprendido a cultivar el maíz, se convirtieron en agricultores, esto es, cuando llegaron a alimentarse fundamentalmente de este grano, abandonando así su vagar estacional. El hombre domesticó el maíz hace unos 7 000 años, o sea hacia el 5000 a.C. La sedentarización mesoamericana empezó hacia el 2500 a.C.

La cuenca de México es una importante región de Mesoamérica. Los lagos y pantanos habían atraído desde tiempo inmemorial a una fauna hoy extinta, y en busca de presas llegaron bandas de cazadores-recolectores, cuyos descendientes, con el paso de los milenios, se convertirían en cultivadores. A partir del sedentarismo fueron surgiendo caseríos simples, más tarde minúsculas aldeas, luego centros de poder con imponentes monumentos religiosos, de los que Cuicuilco es una muestra, y por fin el coloso de Mesoamérica: Teotihuacan. En efecto, ya para el año 200 d.C., después de una larga vida, Teotihuacan empezó a adquirir las características de una verdadera ciudad. Cuatrocientos años más tarde el sitio habría alcanzado una población aproximada de 85 000 habitantes. Fue el periodo conocido como el Clásico mesoamericano. Pero Teotihuacan, tras su extraordinario esplendor, se extinguió como otras grandes ciudades de su época. Había sido el mayor emporio mesoamericano hasta 750 d.C.

Teotihuacan compartió su visión del cosmos, al menos en sus principios medulares, con los mayas, los zapotecos y otros muchos pueblos que fueron sus contemporáneos. Las concepciones básicas de dicho pensamiento eran, aunque enormemente desarrolladas, las que se habían venido heredando desde los tiempos

Los rumbos del Universo.
◄ *Códice Fejérvary-Mayer.*

de los primeros sedentarios. Y las mismas concepciones pervivieron a pesar del derrumbe del Clásico. Quienes siguieron los pasos de teotihuacanos, mayas, zapotecos y otros pueblos de la que fue la época de mayor esplendor en Mesoamérica, persistieron en la forma de pensar y vivir el mundo.

Tras la decadencia teotihuacana, hombres del norte aparecieron en escena en la cuenca de México. Convivieron con los habitantes de la antigua tradición y absorbieron su cultura.

LA LLEGADA DE LOS MEXICAS

La cosmovisión que ahora se describe perteneció a uno de estos pueblos llegados tardíamente a la región de los lagos. Como otros que se establecieron en el territorio después de la caída de Teotihuacan, los mexicas hablaban la lengua náhuatl. Ocuparon unos islotes del lago de Texcoco y dieron a sus poblaciones los nombres de Mexico-Tenochtitlan y Mexico-Tlatelolco. La fundación de estos sitios fue hacia el año 1345. Cuando arribaron eran pobres cazadores, recolectores y pescadores lacustres que habían vivido de sus oficios acuáticos desde tiempos antiguos en lugares distantes.

Los mexicas —como el resto de los pueblos nahuas y, en suma, como todos los demás pobladores de la cuenca— enriquecieron con su propia experiencia la antigua cosmovisión mesoamericana.

LOS DIOSES PATRONOS

Las sociedades nahuas de la época se agrupaban en unidades llamadas *calpultin*. Estas organizaciones poseían tierras propias que distribuían entre sus miembros con la condición de que las familias poseedoras las cultivasen adecuada y constantemente. El *calpulli* tenía gobierno propio, puesto en manos del *teáchcauh* o "hermano mayor"; formaba una unidad tributaria; integraba un cuerpo militar y su barrio era uno de los distritos administrativos de la entidad política a la cual pertenecieran. La mayor cohesión ideológica del *calpulli* derivaba de las concepciones religiosas. La principal concepción remitía al origen ancestral. Los miembros del *calpulli* creían descender de un antepasado divino que se identificaba con el protector sobrenatural del grupo. Este dios recibía el nombre de Calpultéotl.

Los protectores divinos, sin embargo, no eran exclusivos de los *calpultin*. Los pueblos, las ciudades, hasta las grandes etnias tenían dioses patronos propios. ¿Cómo se conciliaba la idea del dios-antepasado si cada individuo pertenecía a un *calpulli,* pero al mismo tiempo el *calpulli* pertenecía a unidades mayores? La solución se encuentra en la concepción mesoamericana de los dioses. Debe tomarse en cuenta que, así como los grupos sociales menores eran parte de otros mayores, en un orden piramidal, los dioses menores se fundían entre sí para formar seres divinos mayores que llegaban a proteger reinos o aun etnias enteras.

Cuentan los mitos cómo estos seres sobrenaturales extraían a sus hijos de las cuevas de una montaña madre en las que habían permanecido en gestación desde los tiempos primordiales. Tras darlos a luz, los guiaban hasta los que serían sus establecimientos definitivos y les entregaban, por medio de una señal milagrosa, nuevas tierras.

Debe distinguirse, para entender lo anterior, entre el origen genérico de la humanidad y la creación particular de cada pueblo. Los dioses formaron primero la especie humana. Quetzalcóatl viajó al mundo de la muerte, tomó de allá huesos y cenizas, molió todo junto y amasó con ello una pasta agregando la sangre extraída de su propio pene. De la mezcla nació la primera pareja de varón y mujer. Los pueblos fueron naciendo después de la creación genérica, por etapas. Muchos de ellos quedaron en latencia, en el gran vientre de la Tierra, esperando su turno de aparecer en la historia. En el momento debido, cada uno de los dioses patronos extraía de Chicomóztoc —la montaña mágica de los siete úteros— a su pueblo protegido, en un orden de siete en siete.

Los mitos también nos relatan cómo cada Calpultéotl dio a sus hijos una profesión especializada y les entregó los instrumentos de trabajo. En su conjunto, los dioses protectores habían inventado todas las artes y cada cual transmitía el oficio al pueblo que le había sido encomendado. Por ello los agricultores, aparte de dedicarse al cultivo de sus parcelas, tenían otros oficios: unos eran fabricantes de telas de algodón; otros, tejedores de esteras; otros, orfebres; otros, fabricantes de pulque; otros, pescadores y cazadores de los lagos, etcétera.

Cuando los *calpultin* viajaban, portaban en un bulto sagrado la imagen de su dios, acompañada de otras reliquias. El dios vigilaba a sus hijos y hablaba en secreto a los sacerdotes portadores para fijar los derroteros e indicar, al final del viaje, la ubicación de la tierra prometida. Llegados ahí, se producía un portento que consagraba el sitio definitivo. Por ejemplo, los mexica-tenochcas tuvieron como señal sagrada la aparición de un águila posada sobre un nopal de tunas duras (un *tenochtli,* palabra que entra en composición del topónimo Tenochtitlan), y los mexica-tlatelolcas un remolino que en su parte alta tocaba el cielo y con su base un cañaveral en el cual encontraron un montículo (un *tlatelli,* palabra que entra en composición del topónimo Tlatelolco), una serpiente enroscada, una flecha y una rodela.

Tras la fundación del sitio, el dios protector iba a morar a una montaña próxima o se le construía un templo desde el cual protegería a sus hijos, enviándoles la lluvia, irradiándoles la fuerza necesaria para la generación, alejando de ellos las enfermedades y ahuyentando de la población las fuerzas nocivas emanadas de los dioses vecinos. En Mexico-Tenochtitlan se construyó la casa del dios patrono en la pirámide llamada "La Montaña de la Serpiente", aunque originalmente fue un edificio de pequeñas dimensiones.

Fuera del radio de dominio de su dios protector, los hombres del *calpulli* se sentían desprotegidos: o entraban en el territorio de un dios ajeno, o llegaban a llanuras, barrancas o bosques habitados por los *ohuican chaneque* ("los dueños de los lugares peligrosos"), seres que cuidaban los manantiales, los ríos, los árboles y los animales silvestres. Estos diosecillos podían atacar a los intrusos provocándoles un susto que les sacaba una de sus almas: el *tonalli*. Debe aclararse aquí que los antiguos nahuas creían que cada ser humano poseía varias almas, entre ellas el *tonalli,* fundamental para la existencia. Los *chaneque* capturaban el alma del sorprendido y la encerraban en la profundidad de la tierra. Si la víctima no la recuperaba por medio de un ritual específico, enfermaba y moría al poco tiempo. Persiste en nuestro pueblo la creencia en el susto, en la pérdida del alma y en la necesidad de recuperar el *tonalli* perdido.

La idea de la protección del dios titular contribuyó a mantener la cohesión de las unidades sociales básicas. Aunque los miembros de los *calpultin* viviesen en pueblos o ciudades, no se diluían, mezclándose para formar una masa indiferenciada. Los *calpultin* quedaban uno junto a otro; pero en demarcaciones independientes. Esta es una de las causas de la importancia de la división de las poblaciones en barrios. Cada *calpulli* habitaba en su territorio, levantaba su templo, sus miembros niños y jóvenes asistían a sus escuelas y todos se ocupaban en la profesión donada por su *Calpultéotl*.

EL ORIGEN Y LA NATURALEZA DEL MUNDO

Los mitos acontecen en el tiempo primordial, cuando los dioses estaban en proceso de dar a los seres del mundo sus formas definitivas. En los mitos se habla de las aventuras de los dioses (algunas de ellas sumamente crueles) porque el relato mítico es una forma sintética de explicación de cómo cada ser mundano fue formado; y en los mitos los personajes son divinos porque los seres del mundo fueron creados a partir de los dioses. Los antiguos nahuas suponían que los dioses se habían convertido en los seres que poblarían el mundo. Por ello algunos dioses tenían apariencia o atributos vegetales o animales, pues eran los antecedentes y las esencias de las criaturas. También por ello muchos de los héroes son animales que hablan. No sólo el hombre, sino los astros, los animales, las plantas y las rocas estaban hechos de sustancia divina.

¿Cómo se convirtieron los dioses en seres mundanos? Cuando se encontraban en plena aventura, uno de ellos murió en sacrificio y se convirtió en el Sol. Al salir por vez primera, transformó con sus rayos a los demás dioses. Los mitos dicen que pidió la muerte de sus compañeros divinos, y que todos ellos fueron sacrificados. Lo anterior debe interpretarse como la captura de la sustancia divina, que queda envuelta en una materia pesada, mortal. O sea que cada especie del mundo está compuesta por dos partes: una interior, divina, llamada "corazón" o "semilla" que constituye su esencia; otra, exterior, dura, pesada, que está sujeta a los ciclos de la vida y de la muerte. Por ello los seres individuales mueren, pero sus características esenciales, las de su especie, perduran sobre la tierra en sus descendientes: la "semilla" va pasando de padres a hijos. Cada especie es, en el fondo, un dios capturado.

¿Entonces, todos los dioses estaban capturados por la materia pesada? No precisamente. Los dioses estaban libres de materia mortal en el otro mundo. Con anterioridad se dijo que varios dioses podían fundirse entre sí para formar dioses mayores. Es una de las extrañas propiedades de los dioses mesoamericanos. Otra de sus propiedades era la inversa: un dios podía dividirse en dioses menores, repartiendo entre ellos sus atributos. Y los dioses también eran capaces de reproducirse con todos sus atributos para habitar, al mismo tiempo, en distintos lugares: el cielo, la tierra o el inframundo. Y esto era lo que había ocurrido con los creadores de los seres mundanos: el viento que recorría el mundo tenía su "corazón" divino de viento; pero aparte existía, en el otro mundo, el dios Viento.

¿Y cómo era la sustancia de los dioses? Era una combinación de dos elementos: uno frío, acuático, oscuro, femenino; otro caliente, seco, luminoso, masculino. En cada dios la proporción era diferente. Por ello las cosas del mundo eran así: todas combinadas; pero unas más frías-acuáticas-oscuras-femeninas, y otras más calientes-secas-luminosas-masculinas.

LA VIDA Y LA MUERTE

En el territorio mesoamericano existen dos estaciones: la de lluvias y la de secas. A partir de esta división anual y tomando como arquetipo el cultivo del maíz de temporal, los antiguos concibieron el gran ciclo de la vida y de la muerte. Imaginaron una gran montaña sagrada, Tlalocan, en cuyo interior estaba el gran recipiente de las riquezas de la vegetación: las nubes y las lluvias, el dañino granizo, los truenos y los rayos, las aguas de los ríos, las del mar que circundaba la tierra y todas las formas vegetales. Tlalocan era, paradójicamente, uno de los ámbitos de la muerte.

Las formas vegetales estaban en Tlalocan como esencias de las especies. Eran los "corazones" o "semillas" invisibles de las plantas. En el momento adecuado, los dioses de la lluvia liberaban las aguas, las "semillas" y las fuerzas del crecimiento vegetal; la tierra se cubría entonces de verdor. Las "semillas" invisibles se unían a las depositadas por los agricultores bajo la tierra; después, junto a las fuerzas del crecimiento y a las aguas, producían la germinación y la erección de las plantas del maíz. Al concluir su tiempo de dominio, los dioses de la lluvia cerraban el gran recipiente de Tlalocan. Los agricultores hacían el resto: sus ritos de acción de gracias devolvían las "semillas" invisibles al depósito de la montaña para que quedaran guardadas en el mundo subterráneo de la muerte, listas para volver a la vida, a la superficie terrestre, en el próximo periodo anual. Después, los agricultores rozaban sus milpas, y cuando el humo se elevaba de los rastrojos y las hierbas, creían devolver a los dioses, en nubes, el agua que había humedecido la tierra.

Vida y muerte no eran los puntos extremos de una línea recta. Eran los puntos opuestos de un círculo. Cada uno era antecedente del otro: no podía haber vida sin muerte previa; no podía haber muerte sin vida previa. El culto a la muerte tenía, por tanto, un profundo sentido agrícola.

LA GEOMETRÍA DEL COSMOS

Los mexicas concebían un universo geométrico, estructurado, poblado todo por dioses que hacían llegar sus influencias a la superficie de la tierra. El cielo y el

Los 13 cielos y los 9 inframundos. *Código Vaticano A.*

25

inframundo se habían formado a partir del cuerpo de Cipactli, una diosa de apariencia monstruosa, de enorme cocodrilo, que había sido tronchada por la mitad. Sus partes, separadas, quedaron una sobre otra. La parte superior, la celeste, era masculina, caliente, luminosa, y estaba representada por el águila. La inferior, la terrestre, era femenina, fría, húmeda, oscura, y su animal era el jaguar. Cuatro dioses levantaban el cielo, como gigantescas columnas, para que el cielo y la tierra no volvieran a unirse.

Todo el cosmos sumaba 22 pisos. El inframundo tenía nueve pisos; en el más profundo estaba el Chicnauhmictlán, la región última de los muertos. El cielo tenía 13 pisos; estaba habitado en su parte superior por el dios dual, Ometéotl, que gobernaba el universo. El hábitat del hombre y las demás criaturas comprendía la superficie de la tierra y los cuatro pisos inferiores del cielo. Estos cuatro pisos eran recorridos por las divinidades estrechamente vinculadas a la agricultura: los señores de la lluvia, del rayo, del trueno, del viento y del granizo; la Luna, cuyas fases creían determinantes en los procesos agrícolas; el Sol, Venus, las estrellas y la diosa de la sal. Ésta también se relacionaba con la agricultura, pues era una hermana de los señores de la lluvia que por cierto pecado había sido condenada a vivir en el mar. Vivía en el más alto de los cuatro pisos inferiores, pues la superficie de la tierra era concebida como un gran plano circular rodeado por las aguas marinas. En sus bordes, el agua del mar se elevaba como una gran pared hasta el arranque del verdadero cielo, o sea el compuesto por los nueve pisos superiores.

La superficie de la tierra se segmentaba en cuatro partes, como una flor tetrapétala. En su centro había una cuenta de jade que era la casa del dios viejo, el Dios del Fuego. Los cuatro dioses-columnas que sostenían los nueve pisos superiores se representaban también como árboles sagrados. Eran los conductos del cosmos. A través de sus troncos huecos llegaban al mundo las influencias benéficas y dañinas del mundo superior y del mundo inferior. Porque los dioses de los antiguos nahuas no eran absolutamente buenos ni absolutamente malos. Eran dioses, voluntariosos y terribles, pero al mismo tiempo dadores de todos los bienes. El hombre debía ganar sus favores y evitar sus agresiones con su recta moral, sus ofrendas y sus sacrificios.

Cada uno de los cuatro sectores de la superficie terrestre tenía un color particular y un complejo de símbolos. Aunque los colores varían, según las distintas tradiciones mesoamericanas, siempre constituyen importantes elementos distintivos de los árboles cósmicos. Según algunas fuentes nahuas, el norte era negro, lugar de la muerte; el sur, azul, lugar de la vida; el este, rojo, el lado masculino; el oeste, blanco, el femenino. Los símbolos principales eran el cuchillo de pedernal en el norte, el conejo en el sur, la caña en el oriente y la casa en el poniente.

EL CURSO DEL TIEMPO

Caña, cuchillo de pedernal, casa y conejo eran también los símbolos de los años, porque el curso del tiempo se originaba en cada uno de los cuatro segmentos horizontales, en los cuatro árboles cósmicos. Para entender lo anterior hay que recordar a la diosa-cocodrilo, Cipactli. Del cuerpo de Cipactli había salido la sustancia de la cual se formaban los dioses. ¿Y qué era el tiempo? Era sustancia divina que procedía del cielo y del inframundo. Los días, los meses, los años eran, en sentido estricto, dioses que viajaban invisibles por el mundo, luchaban entre sí y todo lo transformaban. ¿Cómo se explica esto? La diosa Cipactli quería volver a recobrar su integridad; pero las columnas cósmicas se lo impedían. Entonces su sustancia fluía dentro de ellas, y ahí se encontraban, furiosas, las corrientes frías del inframundo con las calientes del cielo. Dentro de los troncos de los árboles cósmicos se daba, pues, la guerra... o, si se quiere, el acto sexual. El producto era el tiempo que brotaba, combinado, por cada uno de los cuatro postes y siempre en orden levógiro.

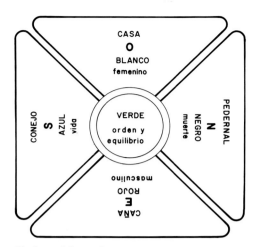

El plano del mundo.

Así salían, por su orden, los años caña, cuchillo de pedernal, casa y conejo. Y así se distribuían también los veinte días del mes: el día llamado "monstruo de la tierra" era del este; seguía el día "viento", del norte; "casa", del oeste; "lagartija", del sur; "serpiente", del este; "muerte", del norte, etcétera.

El destino imperante en cada día o en cada año, según su signo, iba de acuerdo con el rumbo de origen. Y esto era muy importante para los antiguos nahuas, cuyos actos se orientaban por los libros de la cuenta de los destinos, leídos por los sacerdotes *tonalpouhque*. Éstos juzgaban qué suerte correspondía a cada persona estudiando el conjunto de las distintas influencias divinas que se sumaban en cada momento del correr del tiempo. Para ello contaban con un complejo calendario que tenía como base dos ciclos de distintas dimensiones: uno, de 365 días, era el año agrícola y religioso, y en él se celebraban las fiestas rituales más importantes, distribuidas en 18 meses de 20 días cada uno, a los que se agregaban cinco días complementarios. El otro tenía 260 días, y estaba formado por la combinación de 20 signos y 13 numerales. Era el ciclo adivinatorio, el de los destinos.

Los días, por tanto, se contaban con fechas del ciclo adivinatorio (2-Serpiente, 10-Viento, 6-Muerte, etcétera) y con fechas del calendario agrícola-religioso (cuarto del mes de *etzalcualiztli*, decimonoveno del mes de *tlacaxipehualiztli*, etcétera). Para que dos fechas, una de cada ciclo, volvieran a coincidir en un día, debían transcurrir 18 980 días. Esto significa que debían ocurrir 52 vueltas exactas del ciclo de 365 días, que equivalían a 73 vueltas exactas del calendario adivinatorio. Esto era un siglo para los nahuas, una vuelta total del tiempo. Por dicha razón la ancianidad humana se iniciaba oficialmente a los 52 años. El individuo que cumplía tal edad era respetado y quedaba exento de muchas de sus obligaciones porque ya era un viejo, porque había cumplido un siglo. Dejaba de pagar tributos, podía tomar pulque y sus consejos se consideraban sabios.

LA CONFORMACIÓN DEL MUNDO

El curso de la vida estaba regido por la combinación de los números básicos y sus productos: el 2 era el número de la unidad del cielo y de la tierra, del dios supremo; el 3, del dios del fuego; el 4, de los rumbos del plano horizontal; el 5, de los cuatro rumbos más el centro de la Tierra; el 9, de los pisos del inframundo; el 13, de los cielos; el 20, el 52, el 73, el 104, el 18 980, etcétera, eran los productos de los números básicos.

El número 5, que corresponde a la unión de los cuatro rumbos más el centro, era el de la estabilidad. Con él había quedado firme y ordenado el mundo; en él había nacido la verdadera humanidad. En efecto, el 5 fue la base de uno de los mitos fundamentales. Creían los nahuas que los dioses habían encomendado a un dios norteño que se convirtiera en gobernante del mundo, en Sol. Se le llamó Sol de Tierra, y señoreó durante muchos siglos; pero su reinado concluyó desastrosamente, pues la lucha contra otros dioses provocó un cataclismo que destruyó a la especie humana que había vivido en ese periodo. Los hombres, que entonces fueron gigantescos, perecieron devorados por los jaguares. Los dioses eligieron entonces a un dios del oeste, y de igual manera todo desembocó en la lucha, el desequilibrio y la destrucción. Ahora el caos lo produjeron fuertes vientos y los hombres de este tiempo se convirtieron en monos. Así volvió a ocurrir en otras dos ocasiones, y sucesivamente concluyeron el Sol oriental, de Fuego, y el del sur, de Agua. Los hombres de estos dos periodos quedaron convertidos, respectivamente, en aves y en peces. Por fin vino el dominio del Quinto Sol, el del centro, y en él nació el hombre verdadero, el que habita en el mundo, el que se alimenta del grano del maíz.

El Quinto Sol, sin embargo, también concluirá. Su fin vendrá, entre fuego y temblores de tierra, cuando el Sol, fatigado, ya no sea capaz de mantener el orden en el mundo.

Así lo creían los mexicas. Por ello debían alimentar al Sol.

EL PUEBLO DEL SOL

El Estado se fundaba en principios religiosos de representación divina. Sobre los *macehualtin* o plebeyos se encontraba un fuerte aparato gubernamental integrado por los *pipiltin* o nobles, que ocupaban los principales cargos. Los dioses tutelares de cada *calpulli* quedaban sujetos, en la misma forma, por un dios patrono superior que protegía a todos los habitantes de la ciudad-Estado. El gobierno supremo recaía en el *tlatoani* o rey, de quien se afirmaba que era el representante sobre la tierra del dios patrono estatal. Su corazón se concebía lleno del fuego divino del numen, y su naturaleza se tenía por sobrehumana. Así, a Motecuhzoma Xocoyotzin, *tlatoani* de Mexico-Tenochtitlan, nadie se atrevía a mirarlo a los ojos. Era necesario entender que los intereses del *tlatoani* y de la nobleza eran los de todo el pueblo, pues eran los intereses del dios.

Los siglos que precedieron a la conquista española fueron de lucha por el poder hegemónico. Unos Estados se lanzaban contra otros, y el costo de las guerras era pagado con el esfuerzo, la sangre y la vida de los *macehualtin*. Los *pipiltin* intentaban convencer al pueblo de las ventajas de la guerra, y para cumplir su propósito recurrieron a la cosmovisión: se fomentó entonces una mística guerrera y religiosa; se exaltó la figura heroica del guerrero que mantenía el equilibrio cósmico, y se prometió una vida ultraterrena de gloria a quienes cayeran en combate.

El mito del Quinto Sol y la amenaza de un futuro cataclismo sirvió a los fines de la nobleza: el Sol debía ser mantenido vigoroso sobre el firmamento para que la especie humana no pereciera. La guerra era el medio por el cual se obtenía el alimento divino: la sangre y los corazones de los enemigos capturados en combate. Los ejércitos victoriosos se convertían así en los salvadores de la humanidad, ya que con su esfuerzo nutrían al Quinto Sol.

El astro fue concebido también como un gran guerrero. Entre los mitos de los pueblos nahuas descuella el del dios patrono de los mexicas, el solar Huitzilopochtli. El dios había sido engendrado por el Cielo en el vientre de la Tierra (Coatlicue). Pero antes de que el Sol naciera, los otros hijos de Coatlicue fraguaron la muerte de su madre y de su hermano en gestación. Ellos eran los señores de la noche: las estrellas (los guerreros Centzonhuitznáhuah) y la Luna (Coyolxauhqui). Sus intentos fueron vanos y advino el parto, del que surgió Huitzilopochtli ya ataviado con los arreos de guerra y armado con la serpiente azul de su padre celeste. El recién nacido venció a los poderes nocturnos. Cayeron ante él sus hermanos estelares y Coyolxauhqui fue decapitada. Así aparece la imagen de la diosa lunar, desmembrada, frente al templo de su hermano victorioso.

Los mexicas veían la reactualización del relato mítico en cada amanecer. El Sol, como águila victoriosa, ascendía al cielo para vencer a los astros de la noche. En su lucha cotidiana era auxiliado por las almas de los muertos en guerra, que prolongaban su existencia gloriosa más allá de la vida terrenal. La muerte en el combate —la muerte de obsidiana— se convirtió así en un anhelo del pueblo lanzado a la guerra. Los hombres creían librarse por la muerte honrosa del oscuro destino de los muertos.

El grupo en el poder se había adueñado de la voluntad del pueblo a través de la fe, del conocimiento de un ritual agrícola-religioso complejo, del manejo de los libros sagrados y de la interpretación de los mitos. El campesino dependía de las fiestas para cultivar su parcela. Estaba convencido de que, sin la intervención de los sacerdotes, los dioses de la lluvia no nutrirían sus sementeras; que sin el auxilio de los lectores de los libros de los destinos su vida estaría a merced de las agresiones de los dioses; que el curso del mundo se detendría sin los corazones de los sacrificados. Debía confiar en sus gobernantes y costear con su sudor y su sangre una vida de lujo nobiliario muy distinta a la suya.*

ALFREDO LÓPEZ AUSTIN

* Hace algunos años escribí este texto con el propósito de difundir en breves palabras las concepciones mexicas en torno al cosmos. Consideré que la mejor manera de hacerlo llegar a un público interesado era entregarlo a la Asociación de Amigos del Templo Mayor, A.C., organismo que en 1989 hizo de él un cuadernillo muy asequible. Dado que de entonces a la fecha han ido surgiendo nuevas interpretaciones del pensamiento mesoamericano, no solicité su reedición. Es el propio Eduardo Matos Moctezuma, director del Museo del Templo Mayor, quien me pide que se publique de nuevo. Para responder a su amable invitación he dado una remozada al texto, haciéndole adiciones que considero novedosas.

Criterios de catalogación

El orden y características de las fichas técnicas son los siguientes:

TÍTULO: *Nombre por el que las piezas son comúnmente conocidas, o lugar del que provienen, o museo que las alberga*

CULTURA

PERIODO: *Según el siguiente cuadro de culturas que aparecen en la exposición*

MATERIAL

DIMENSIONES: *alto × ancho × espesor en centímetros. Cuando se da largo o diámetro (ø) se especifica en cada caso*

COLECCIÓN

No. DE INVENTARIO

No. DE CATÁLOGO *DIOSES DEL MÉXICO ANTIGUO: aparecen con asterisco las piezas que no están ilustradas*

Siglas utilizadas

    MNA *Museo Nacional de Antropología*
    INAH *Instituto Nacional de Antropología e Historia*
    MUCA *Museo Nacional de Ciencias y Artes*

Los autores firman bajo las siguientes:
    LC Lourdes Cué
    EMM Eduardo Matos Moctezuma
    MAT Miguel Ángel Trinidad

FECHAS APROXIMADAS	1500 1200 900 600 300 0 300 600 900 1200 1500
	PRECLÁSICO / CLÁSICO / POSTCLÁSICO
ALTIPLANO CENTRAL	TLATILCO COPILCO → TEOTIHUACAN → TOLTECA → AZTECA →
COSTA DEL GOLFO	OLMECA LA VENTA → / CENTRO DE VERACRUZ → EL TAJÍN → TOTONACA → / COSTA DEL GOLFO → HUASTECA →
OAXACA	ZAPOTECA → MIXTECA →
MAYA	MAYA →
MÉXICO OCCIDENTAL	OCCIDENTE →

CATÁLOGO
1-18

1

EL UNIVERSO DE LOS DIOSES

(EL ESPACIO HORIZONTAL)

TLÁLOC
Centro de Veracruz. Postclásico
Cerámica
150 × 110 cm
MNA, INAH, México, D.F.
[10-81361]
Cat. 1

Representación policromada del dios Tláloc en la que pueden apreciarse los rasgos característicos de la deidad: las anteojeras que en forma de círculos rodean los ojos; la peculiar nariguera y los largos colmillos que emergen de la boca entreabierta. Porta orejeras rectangulares con colgante al centro, en tanto que el tocado lleva los típicos elementos puntiagudos que vemos presentes en varias representaciones del dios del agua. Dios de la lluvia y de la fertilidad, Tláloc es, sin lugar a dudas, una de las deidades más representadas en el mundo prehispánico. Sin embargo, también tenía su lado negativo: enviaba las heladas que podían matar a las plantas. Es por eso que el hombre tenía que mantener el equilibrio del poder creador del dios por medio de ofrendas y oblaciones. En la cultura maya se le conocía como Chac y entre los zapotecas de Oaxaca como Cocijo. Su antigüedad dentro del panteón mesoamericano se remonta al preclásico, lo que no es de extrañar dado que eran pueblos cuya economía dependía en buena medida de la agricultura. Recordemos que para los mayas el hombre provenía del maíz y en los mitos del centro de México se habla de cómo los granos de maíz eran celosamente guardados por los *tlaloques,* ayudantes del dios, en el "cerro de los mantenimientos", el Tonalcatépetl.

Por lo impresionante de la figura y la belleza de la misma, esta pieza fue escogida para abrir la exposición dedicada a los dioses. EMM

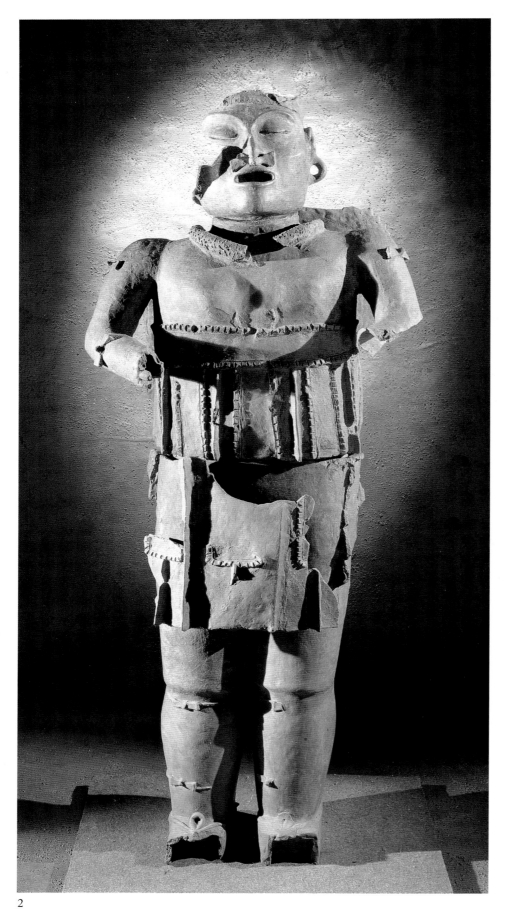

XIPE-TÓTEC
Indefinida. Postclásico
Cerámica
160 × 70 × 32 cm
Museo del Templo Mayor, INAH, México,
D.F.
[10-263234]
Cat. 2

Tlacaxipehualiztli, o fiesta del
"Desollamiento de Hombres", en la
segunda veintena del año, era una de
las ceremonias más importantes. En ella
los ritos de desollamiento estaban
dedicados al dios Xipe-Tótec. Este ritual,
de cuyo desarrollo dan cuenta Sahagún,
Durán y otros testigos del siglo XVI, iba
más allá del simple horror y crueldad
que en él vislumbraron. Recordemos que
Xipe-Tótec es el dios de la primavera;
la tierra debe cambiar su piel muerta
por una nueva y fresca que permita
el surgimiento de nueva vegetación.

Elaborada en barro cocido a baja
temperatura, esta representación de
Xipe-Tótec se compone de tres partes
que se ensamblan mediante el sistema
de caja y espiga. Sus atavíos son sencillos
y consisten en un faldellín o delantal, un
collar y un par de sandalias. Sus piernas,
brazos y labio superior se encuentran
adornados con los llamados moños de
"cola de golondrina" o *Yopitzontli*, atributo
característico de esta deidad. La figura
contiene restos de pigmento negro y color
azul en la parte posterior.

Fue localizada en el pueblo
de Miraflores, Estado de México. LC

2

HUEHUETÉOTL-XIUHTECUHTLI
Mexica. Postclásico tardío
Piedra verde
60 × 41 cm
Museo del Templo Mayor, INAH,
México, D.F.
Cat. 3

Escultura que representa al dios
Huehuetéotl-Xiuhtecuhtli, dios viejo y
del fuego, Señor del año. Se le ve en
forma de un anciano desdentado y
barbado en posición sedente. En la parte
posterior tiene un caparazón de tortuga.
Esta escultura fue encontrada en el
antiguo convento de Betlemitas del Centro
Histórico de la Ciudad de México y es
similar, aunque de mayor tamaño, a otro
que se encuentra en Basilea, Suiza. Este
dios ocupa el centro del universo y
representa la dualidad Ometéotl, el dios
Dos. Habita en la parte más alta del nivel
celeste, el Omeyocan, pero ocupa el
centro del universo. En diversas ofrendas
del Templo Mayor de los Mexicas se
encontraron esculturas de esta deidad
presidiendo las ofrendas, ya que este
templo se consideraba el centro de la
cosmovisión de este pueblo.

Hay un antiguo canto nahua que nos
da las características de Huehuetéotl-
Xiuhtecuhtli como madre y padre de los
dioses que habita los diversos niveles de
la estructura universal. Dice así:

Madre de los dioses, padre de los dioses,
el dios viejo
tendido en el ombligo de la tierra,
metido en un encierro de turquesas.
El que está en las aguas color de pájaro
    azul,
el que está encerrado en nubes.
El dios viejo,
el que habita en las sombras de la región
    de los muertos
el señor del fuego y del año.

EMM

CIHUATETEO
Totonaca. Clásico
Cerámica
138 × 54 × 46 cm
Museo de Antropología de Xalapa, Veracruz
[49 PJ4033]
Cat. 4

A las mujeres muertas en parto les estaba
destinado ir a acompañar al Sol del
mediodía hasta el atardecer. Por lo tanto,
la región oeste del universo recibía el
nombre de Cihuatlampa rumbo de las
mujeres, el cual se identificaba por el
color blanco, por el glifo *calli* y estaba
presidido por el dios Quetzalcóatl,
conforme a la concepción del altiplano.
También era la parte femenina de la
concepción universal. A estas mujeres
se les conocía como *Cihuateteo* o mujer
diosa, pues el trance del parto se
consideraba una batalla en que el niño era
el prisionero y al morir la madre adquiría

3

4

33

el carácter de diosa y de *mocihuahquetzque* o mujer valiente. La figura muestra los ojos cerrados ya que está muerta y el tocado luce una doble cabeza de serpiente. Porta orejeras circulares y como es típico en estas representaciones, tiene los pechos desnudos y lleva falda. Por otras esculturas similares sabemos que en una de las manos tiene la cabeza de un decapitado.

Independientemente de su simbolismo y su asociación con el poniente, la escultura muestra el alto grado de calidad alcanzado por los alfareros del área de Veracruz, de donde procede esta figura. EMM

5

CILINDRO MAYA
Maya. Clásico tardío
Cerámica
114 × 59 × 37 cm
MNA, INAH, México D.F.
[10-9789]
Cat. 5

Procedente de Palenque, en donde se han encontrado varios de estos cilindros de barro, esta pieza representa el rostro del dios solar y por ello se le relaciona con el oriente, rumbo por el cual sale el sol para alumbrar al mundo después de su recorrido nocturno por el inframundo. El oriente se identificaba con el color rojo y con el glifo "caña", además de guardar relación con el dios Xipe-Tótec, "nuestro Señor el Desollado". Era el lado masculino del universo, en contraposición con el poniente, que correspondía al rumbo femenino. La pieza aún guarda restos de colores, entre ellos el famoso azul maya. El tocado está sumamente elaborado y podemos distinguir un ave que se relaciona con el nivel celeste. En contraparte, en la parte inferior vemos un rostro semidescarnado que representa el inframundo. EMM

SACERDOTE DE LA MUERTE
Huasteca. Postclásico
Piedra
140 × 52 × 22 cm
MNA, INAH, México, D.F.
[10-3153]
Cat. 6

Representación de un sacerdote huasteco
asociado a la muerte. El tocado cónico
es característico de esta cultura y en este
caso particular puede apreciarse un cráneo
como decoración del mismo. Grandes
orejeras cuelgan a ambos lados de la cara
y sobre el pecho trae un collar. Como
único atavío lleva un braguero o *máxtlatl*

y encima de él vemos un elemento
semicircular que representa el hígado.
Por su clara relación con la muerte se
le ubica como símbolo del lado norte del
universo, conocido como el Mictlampa
o rumbo de los muertos, el cual se asocia
con el color negro, con el glifo *técpatl*
o cuchillo de sacrificios y con el
Tezcatlipoca negro. El norte es una región
árida de donde soplan los vientos fríos,
de allí su vínculo con la muerte y con
la parte fría del universo.

Esta escultura muestra los rasgos
propios de las figuras huastecas y no deja
de ser impresionante el conjunto de la
misma. EMM

TLÁLOC
Mixteca istmeña. Postclásico
Cerámica
86 × ø 20 cm
MNA, INAH, México, D.F.
[10-76360]
Cat. 7

El rumbo sur del universo se identificaba
con el color azul y con el glifo "conejo".
En lengua náhuatl se le denominaba
Huiztlampa o lugar de las espinas para
el sacrificio. Entre los mexicas este rumbo
estaba regido por Huitzilopochtli, dios
solar y de la guerra. En contraposición
con el norte que era el rumbo de lo seco

6

7

y frío, el sur era el rumbo de la fertilidad y
lo húmedo. Es por eso que Tláloc se
asocia con estos elementos y aquí lo
vemos con sus características anteojeras
y la bigotera con los grandes colmillos
que salen de la boca. El tocado está
adornado con círculos que posiblemente
representan las piedras verdes o
chalchihuites. Lleva discretas orejeras
circulares. Sobre el pecho vemos una
especie de pectoral de forma redonda.

En una de las páginas del *Códice
Fejérvary-Mayer* (representada en el
techo) tenemos una imagen del universo.
Vemos a Tláloc ocupando el rumbo sur ya
mencionado junto con un esqueleto que se
relaciona con la muerte. EMM

PIEDRA DE CHALCO
Mexica. Postclásico tardío
Piedra (basalto)
50 × 72 × 68 cm
MNA, INAH, México, D.F.
[10-81641]
Cat. 8

En este bloque cuadrangular, conocido
como Piedra de Chalco, podemos observar
como figura principal la representación de
un árbol florido con sus raíces y de cuyas
dos ramas nacen flores de cuatro pétalos,
tres de cada lado. En la parte alta del árbol
vemos la figura de un ave con el pico
abierto del que surge el símbolo del canto.

No cabe duda de que se trata de la
representación de uno de los árboles
cósmicos que se encuentran en los cuatro
rumbos del universo y en el centro del
mismo. Es lo que se ha identificado con
Tamoanchan, el árbol con tronco helicoidal
cuyas raíces se hunden en el inframundo
y el follaje llega a los niveles celestes.

Para los mayas el árbol sagrado era
la ceiba, en tanto que en el *Códice
Fejérvary-Mayer* vemos una pintura
con los cuatro rumbos del universo
cada uno con distinta especie de árbol,
siendo fácilmente identificable la
biznaga o planta con espinas característica
del norte, lugar del frío y de la muerte.
EMM

8

9

HUEHUETÉOTL
Cuicuilco. Preclásico Superior
Cerámica
12 × 6.7 cm
MNA, INAH, México, D.F.
[10-2061]
Cat. 9

Procedente de Cuicuilco es esta figura en barro del dios viejo y del fuego, Huehuetéotl. Es una de las representaciones más antiguas que se conocen de este dios anciano, encorvado y sedente que lleva un enorme brasero sobre la cabeza. No es de extrañar que la deidad represente, en cierta forma, el volcán cuyo cráter arroja fuego a manera del brasero que porta encima de él, ya que Cuicuilco debió de vivir la actividad volcánica, con todas sus consecuencias (temblores, cenizas, lava), de un pequeño volcán que se encuentra el sur de la actual Ciudad de México, el Xitle. La erupción de este volcán acabó con el asentamiento de Cuicuilco, teniendo sus pobladores que emigrar a otros lugares como Teotihuacan, en donde nuevamente vemos la figura de Huehuetéotl hecho en piedra y con los mismos elementos que le son característicos. Aún hoy día puede verse el gran basamento circular que debió de constituir el templo principal de Cuicuilco con sus dos rampas de acceso a la parte superior. Otros monumentos también se encuentran en el sitio, como el edificio de lodo y algunos con planta cuadrada.

Un dato importante es que este dios habita el centro del universo y uno de sus símbolos es la figura cruciforme con sus cuatro lados, que simbolizan las cuatro partes o rumbos del universo. EMM

10

que se realizaban cada 52 años. Su rostro está cubierto de arrugas expresadas por líneas que giran en torno a la boca abierta, donde se le observan sólo dos dientes. Simétricamente opuestas, a los lados de la cara muestra dos orejas circulares giradas hacia el frente.

Como en la mayoría de los casos, esta deidad porta sobre su cabeza un gran recipiente que constituye el brasero divino: funciona éste como incensario en las ceremonias a otros dioses. Tiene su base plana y las paredes rectas con una amplia banda exterior que la decora en las representaciones repetidas del "ojo romboidal" o "signo del fuego", que compone lo que se ha llamado "banda de los ojos de fuego".

La pieza está tallada sobre una burda piedra volcánica de textura porosa, y en cuanto a su composición muestra un extraordinario equilibrio en la disposición de sus partes. A las líneas geométricas de los brazos y las piernas se une el encorvado torso del anciano, que en conjunto forman un espacio vacío hacia el centro de la composición, sugiriendo una verdadera escultura en vacío. El rostro del personaje está justo en el centro escultórico y la punta de la nariz en el centro de la misma pieza, magnífica concepción de los antiguos escultores teotihuacanos. MAT

HUEHUETÉOTL TEOTIHUACANO
Teotihuacana. Clásico
Piedra volcánica
32.5 × 34 × 34.3 cm
Museo de Sitio de Teotihuacan, INAH
[10-336706]
Cat. 10

Se refiere a una escultura de bulto, hecha en piedra volcánica, que presenta a un hombre anciano sentado, con un gran recipiente sobre su cabeza. Representa al dios del fuego, una de las divinidades

más antiguas del México Central, conocido también como Huehuetéotl o Dios Viejo, y considerado padre y soberano de los hombres.

El personaje se muestra sentado con las piernas entrecruzadas y sus brazos hacia el frente, descansando las manos sobre las rodillas, una voltea hacia arriba y otra hacia un costado, como si hubieran detenido objetos que ahora no aparecen, posiblemente los implementos que se usaban para encender el fuego sagrado en las más importantes ceremonias, especialmente las del "Fuego Nuevo"

HUEHUETÉOTL TOTONACO
Totonaca (Centro de Veracruz)
Clásico
Cerámica
87 × 58 cm
MNA, INAH, México, D.F.
[10-3148]
Cat. 11

Esta impresionante figura del dios
Huehuetéotl nos muestra todas las
características propias de la deidad.
El cuerpo encorvado, los pechos, el
estómago, las manos descansando sobre
las piernas… todo nos habla del anciano
que soporta el peso enorme del brasero
sobre la cabeza. Pero el realismo cobra
toda su fuerza en el rostro del personaje
barbado con sus arrugas y la vista baja
que le imprimen a la figura una expresión
singular. Lleva orejeras circulares y en

la frente un adorno de papel propio
de muchas deidades. El brasero tiene
alrededor la cruz que simboliza los cuatro
rumbos del universo y en medio el
chalchihuite o piedra preciosa que indica
el centro del mismo, lugar que habita este
dios. El hecho de estar representado por
un anciano significa también la
experiencia y la sapiencia. Cabe destacar
que, a diferencia de las representaciones
del centro de México, las manos del dios
guardan la misma posición, pues en
aquéllas la mano derecha está abierta en
aparente posición de pedir en tanto que
la izquierda está empuñada.

Si quisiéramos encontrar una
presencia de este dios con todos sus
atributos, no dudaríamos en remitirnos
a esta escultura en la que el artista
anónimo que la realizó supo imprimir
los rasgos más sobresalientes de manera
impresionante. EMM

HUEHUETÉOTL
Mexica. Postclásico tardío
Piedra (basalto)
66 × 60 × 56 cm
Museo del Templo Mayor, INAH,
México, D.F.
[10-212978]
Cat. 12

Como hemos visto, Huehuetéotl, el dios
viejo o del fuego, está considerada como
una de las deidades más antiguas. Con el
paso del tiempo fue adquiriendo atributos
o adornos de acuerdo a la época y el estilo
de cada cultura. Ya con los aztecas, el
brasero característico ha perdido su
función original y sólo se le representa
esquemáticamente, como un símbolo. Aún
así la esencia primigenia sigue presente,
alcanzando representaciones en piedra de
manufactura extraordinaria, como la pieza

11

12

que mostramos hecha en basalto, representado a la manera teotihuacana, pero con un claro estilo mexica. En términos generales las características constantes están presentes, por lo que resaltaremos sus ornamentos, de los que sobresalen dos grandes orejeras circulares, un collar y brazaletes de tres hileras con cuentas grandes y redondas, un pectoral semirrectangular que se posa sobre el *máxtlatl* y elaboradas sandalias. Sobre su espalda —a la altura de los hombros— está un penacho circular de plumas y a lo largo, como parte del atuendo, cae una ancha franja dividida en tres secciones con elaborados diseños, entre los que se encuentra el signo calendárico "11-*Ácatl*" Esta representación quizá es una simbiosis de más de una deidad, ya que en su rostro lleva elementos relacionados con Tláloc, como son las anteojeras y una placa rectangular en la boca, de cuyos extremos sobresalen dos colmillos. En los codos y rodillas se representan mascarones con grandes dientes agudos, y que al parecer significan el paso al inframundo, siendo similares a los que adornan a las otras deidades, como el mismo Tláloc, Coyolxauhqui y en ocasiones a Tlaltecuhtli, entre otros. La representación esquemática del brasero presenta cuatro símbolos formados por círculos y dos lengüetas que los flanquean, elementos que se alternan con cuatro pares de barras. En la parte superior del disco, donde antaño estuviera la oquedad del brasero, se encuentra un diseño de caracoles rodeados por remolinos de agua y todo el esquema está circundado por pequeñas plumas. Como se advierte, la escultura manifiesta una combinación de símbolos relacionados con el fuego, el agua y la muerte.

Esta escultura fue localizada en el patio norte del Templo Mayor y data de 1500. LC

13

CAJA DE TIZAPÁN
Mexica. Postclásico tardío
Piedra con pintura
19.5 × 20 × 20 cm
MNA, INAH, México, D.F.
[10-28018]
Cat. 13

Caja con tapa procedente de Tizapán, Edo. de México, en cuyo interior se encontró una escultura pequeña en piedra verde de la diosa Xilonen. Esta interesante pieza tiene en el interior de la tapa y en el fondo de la caja motivos pintados con colores muy vivos. La tapa presenta cuatro imágenes de Tláloc, deidad del agua, correspondiendo cada una a los cuatro puntos cardinales o rumbos del universo. En el centro y sostenida por los cuatro Tláloc vemos una piedra verde o *chalchihuite* que representa el centro del universo. Un símbolo similar aparece en el fondo de la caja rodeado por plantas de maíz. La asociación del maíz con lo precioso y el agua queda de manifiesto en la pintura lo que, unido a la figurilla de Xilonen, diosa del maíz tierno que se encontró en su interior, nos habla claramente de que debió servir con fines ceremoniales y rituales relacionados con el agua y la fertilidad. EMM

LÁPIDA DE LOS CIELOS
Mexica. Postclásico tardío
Piedra (andesita)
57 × 29 × 7.5 cm
MNA, INAH, México, D.F.
[10-81642]
Cat. 14

Conocida como "Lápida de los Cielos", esta escultura muestra en la parte alta un ave descendente con las alas abiertas y de cuyo pico brota lo que parece ser una planta. Debajo del ave vemos a dos guerreros que descienden. El mejor conservado, al centro, tiene un escudo con dardos. A ambos lados de los guerreros tenemos una banda celeste formada por estrellas en forma de círculos y el símbolo de Venus repetido de arriba a abajo. En la cara posterior se encuentran símbolos celestes. Hay que recordar que el nivel celeste se conformaba por trece cielos: el primero de ellos era donde se encontraban la luna y las nubes; el segundo era el Citlalco o lugar de las estrellas; en el tercero se desplaza el sol en tanto que en el siguiente está Venus; el quinto es el cielo en donde está el giro y donde pasan los cometas; los dos siguientes son cielos de color verde y azul o negro y azul; el octavo cielo era el lugar donde se formaban las tempestades; los tres siguientes eran habitación de dioses y los dos últimos eran el lugar de la dualidad, el Omeyocan.

Por sus características, esta lápida puede relacionarse con el cuarto Cielo, en donde se encuentra Venus, ya que este planeta tuvo mucha importancia dentro de la concepción cosmogónica mesoamericana. EMM

14

15

ANCIANO AZTECA

Mexica. Postclásico tardío
Piedra (basalto)
48.5 × 22 × 20 cm
MNA, INAH, México, D.F.
[10-220145]
Cat. 15

Figura de un anciano de pie que como
atavío solamente trae un braguero
o *máxtlatl* anudado al frente. La mano
derecha está empuñada con una oquedad
a manera de los llamados portaestandartes,
ya que servía para colocar un asta de
madera. La expresión del personaje es
de gran realismo y el rostro, con las arrugas
muy marcadas en la frente y con el típico
corte de cabello de los hombres mexicas,
le da una apariencia especial al conjunto.
No estamos seguros de que pudiera
representar al dios viejo, Huehuetéotl,
ya que faltarían algunos de los principales
atributos característicos de este dios. Sin
embargo, los ancianos tenían relación con
la deidad ya que también simbolizaban la
experiencia. EMM

ADOLESCENTE AZTECA

Mexica. Postclásico tardío
Piedra
55 × 20 × 15 cm
MNA, INAH, México, D.F.
[10-1121]
Cat. 16

Escultura en pie de un adolescente
desnudo con el miembro erecto y con las
manos en posición de portar algo. La talla
magnífica nos permite observar las
proporciones del hombre nahua y recordar
que dentro de aquel universo de símbolos
y deidades, el hombre fue el centro
fundamental y el motivo de la lucha entre
los dioses, que de esa manera trataban
de perdurar la presencia del hombre
en la tierra, en Tlatícpac. Cuatro fueron
los Soles o intentos de los dioses por crear
al hombre a través de otras tantas luchas,
de alternancias en que un dios intentaba
hacer al hombre y al alimento que habría
de sustentarlo. Correspondió finalmente a
Quetzalcóatl bajar al mundo de los
muertos, al Mictlán, para buscar
los huesos de los antepasados y de esta
manera lograr formar al hombre con la
unión de los huesos y de la sangre que el
dios, por autosacrificio, saca de su
miembro. Será el mismo Quetzalcóatl
quien mediante argucias penetre al interior
del cerro de los mantenimientos, el
Tonacatépetl, en donde se guardan los
granos de maíz por los *tlaloques,*
ayudantes del dios Tláloc, para así
entregarlo a los hombres.

Fue el hombre, pues, el motivo
por el cual los dioses pelearon y se
sacrificaron para que el Sol alumbrara
a la Tierra. Esto se logró en Teotihuacan,
en donde surgirá el Quinto Sol, el Sol
del hombre nahua. EMM

16

DISCO SOLAR DE XOCHIMILCO
Mexica. Postclásico tardío
Piedra
Espesor, 11 × ø 45 cm
MNA, INAH, México, D.F.
[10-13570]
Cat. 17

Disco solar de Xochimilco que representa
en el centro el símbolo del movimiento o
Nahui-Ollin, relacionado con el Quinto
Sol. Alrededor de este símbolo vemos
19 puntos rodeados por una banda circular
con adornos. Se ven cuatro rayos solares
y entre dos de ellos está el numeral
"5-*Tochtli*" (conejo). Muchas esculturas
en piedra se hicieron con la figura solar
como es el caso presente. Sin embargo,
la más significativa por su importancia es,
sin lugar a dudas, la llamada Piedra del
Sol o Calendario Azteca, monumento
elaborado en honor del Quinto Sol, en
cuyo centro podemos advertir el rostro de
Tonatiuh, el Sol. EMM

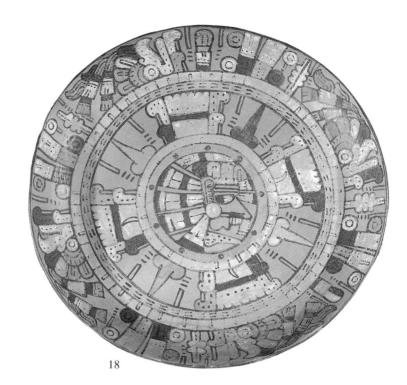

18

PLATO CON MOTIVOS SOLARES
Huasteca. Postclásico tardío
Cerámica
ø 33.5 cm
MNA, INAH, México, D.F.
[10-15909]
Cat. 18

Plato policromo proveniente de la costa
del Golfo que está decorado con diversos
motivos solares. En medio, de perfil,
vemos el rostro de un dios con tocado y
orejeras envuelto dentro de dos círculos.
Se trata de una deidad solar. De los dos
círculos envolventes salen cuatro rayos
solares alternados con los elementos
característicos que se encuentran en los
discos relacionados con el sol. Otras dos
bandas circulares envuelven estos
elementos y en el borde del plato tenemos
cabezas de aves alternándose con otros
motivos simbólicos.

Es evidente cómo a través de los
distintos materiales, ya fuera piedra,
cerámica o pintura, los pueblos
mesoamericanos rindieron culto al sol
como astro regenerador, portador de
vida y vencedor de los poderes
nocturnos. EMM

17

43

44

EL TIEMPO Y LOS RITUALES

Creencias, rituales y preceptos de carácter moral, en estrecha relación como aspectos de una misma realidad, están en el meollo de toda religión. Las creencias pertenecen al ámbito del pensamiento y en muchas culturas en función de ellas se ha desarrollado la propia visión del mundo. Los rituales —de adoración, petición, sacrificios y ofrecimientos a los seres divinos— son acciones que se practican en determinados tiempos y lugares. Los preceptos o mandamientos se dirigen a establecer un orden moral y asimismo a normar los actos rituales.

Las creencias pueden considerarse como sistemas conceptuales, estructurados en distintos grados según las varias religiones. Son asimismo objeto de la especulación de sacerdotes y sabios, responsables en última instancia de su transmisión y enseñanza a la comunidad. Los rituales, aunque también ostentan estructuras y ordenamientos que deben aprenderse y atenderse, rebasan lo meramente conceptual y constituyen manifestaciones de la religiosidad. Las formas más íntimas de esas manifestaciones pueden identificarse en los actos personales de oración, sacrificio y adoración practicados en el hogar o en otros lugares, incluyendo las escuelas y los templos. Desprovistos en general tales actos de solemnidad, muchos de ellos se producen de acuerdo con ciertas normas y en determinados momentos. Como ejemplo pueden aducirse las oraciones y ofrecimientos que en el seno de la familia se hacen al levantarse, al tomar los alimentos y al acostarse.

A diferencia de tales prácticas, las manifestaciones de la religiosidad asumen con frecuencia un carácter público y solemne. Integran entonces los rituales sagrados que, siempre en tiempos y ubicaciones determinadas y en cumplimiento de lo prescrito, se celebran con la participación de muchos. Su carácter comunitario puede abarcar en determinados contextos desde la familia extensa —en rituales como los de la imposición del nombre al recién nacido, el matrimonio, la consagración de la casa, las exequias— hasta gran parte del pueblo precedido por el sacerdocio y los otros dignatarios del gobierno. Ello ocurre en las fiestas que se celebran con la liturgia que, en concordancia con determinados preceptos, corresponde a los distintos tiempos en función de los cómputos calendáricos.

◀ Catálogo 54. Detalle.

A la luz de esto se comprenderá mejor por qué, al estudiar los rituales de una religión, debe atenderse a la ubicación de éstos en el tiempo, acompañado siempre de una coordenada espacial.

LOS RITUALES DE LOS MEXICAS: RIQUEZA Y COMPLEJIDAD

Se ha dicho y repetido que la religión permeaba la vida entera de los mexicas y de los otros pueblos de Mesoamérica. Son ciertamente muchos los testimonios al alcance que nos lo hacen ver. En sus creencias, ritos y ceremonias encontraban los mesoamericanos el sentido de su existencia en todo momento, a lo largo de sus varios ciclos calendáricos.

Los invasores españoles y después los frailes misioneros, a partir de sus primeros contactos con los mesoamericanos, quedaron profundamente impresionados por lo que fueron percibiendo de las que llamaron "idolatrías de los indios". Sobre todo al enterarse de la práctica de los sacrificios humanos, tuvieron por evidente la influencia en ellos del Demonio. Como evangelizadores que eran, varios se propusieron inquirir acerca de esas creencias, preceptos y sangrientos rituales para que, debidamente identificados, pudieran ser extirpados.

Investigaron así algunos de esos frailes y nos dejaron copiosa información, en particular acerca de las creencias y prácticas de los mexicas y otras gentes de lengua y cultura nahuas. Lo reunido por ellos ha sido y sigue siendo objeto de muy variadas formas de apreciación, sobre todo desde puntos de vista críticos dirigidos a valorar su autenticidad como testimonios de la antigua cultura.

Ofrecer una visión de conjunto de lo más sobresaliente en los rituales de la religión, tal como la practicaban los mexicas, es tarea en extremo difícil por varias razones. Una es la inextricable relación entre creencias, rituales y preceptos, que puede volver arbitraria y riesgosa cualquiera separación entre los que son aspectos o elementos de una misma realidad. Otra proviene de la complejidad y abundancia de los rituales. Comprenden éstos prácticas o formas ceremoniales sumamente variadas en distintos momentos y circunstancias en el transcurrir de la vida personal, familiar y social de los mexicas.

Una razón más añadiré, para poner de relieve la enorme dificultad que conlleva ofrecer una visión de conjunto de los rituales. Tiene que ver ella con las fuentes o testimonios al alcance para acercarse a ellos. Por una parte, tales fuentes, si bien son bastante copiosas, presentan muchas oscuridades e interrogantes. Sobresalen en el conjunto de fuentes varios códices o antiguos libros con pinturas y signos glíficos. Algunos, entre ellos el conocido como *Borbónico,* pueden identificarse como mexicas o muy cercanos a la cultura de éstos. Otros, en número de cinco, que integran el grupo denominado *Borgia* —en razón de uno que perteneció al cardenal Stefano Borgia—, no siendo de origen mexica, guardan no obstante considerable relación con sus creencias y rituales. Mucho es lo que en estos y otros códices puede investigarse sobre el tema que nos ocupa. Pero hay que reconocer que el estudio de lo que uno solo de esos códices incluye en relación con los rituales sagrados, requeriría no poco tiempo y espacio.

Otro tanto puede decirse de la significación religiosa, y en particular ritual, del gran número de monumentos —conjuntos ceremoniales, templos piramidales, altares, esculturas, pinturas— y otros muchos objetos que deberían ser tomados en consideración para dar adecuado fundamento a una exposición sobre el tema que aquí interesa. Y, puesto que en las obras de los frailes y otros cronistas españoles e indígenas, así como en sus compilaciones de textos en náhuatl, hay asimismo incontables referencias a los rituales, también habría que dirigir la mirada con enfoque crítico sobre ellos.

Lo expuesto justificaría, según creo, abstenerse de cualquier intento de abarcar en apretada síntesis tema tan rico y complejo. He aceptado, sin embargo, la invitación porque se me hizo ver que no podía estar ausente aquí una consideración sobre los rituales sagrados de los mexicas. Como opción, la menos temeraria, he adoptado la de formular un elenco de señalamientos a los principales géneros de rituales, indicando a la vez los contextos espacio-temporales en que se celebraban, así como algunas de las fuentes para acercarse a ellos.

Lejos de pretender describir los distintos rituales, lo que requeriría centenares de páginas, busco poner de relieve la riqueza del tema que rebasa con creces el de los sacrificios humanos, tantas veces obsesivamente aducidos.

LOS RITUALES ACOMPAÑANTES DEL CICLO VITAL

Comenzaré por los que suelen llamar los antropólogos "ritos de pasaje". Son los que se practican al ocurrir aconteceres como el nacimiento, imposición del nombre, ofrecimiento o ingreso a la escuela, llegada de la pubertad, matrimonio, embarazo, enfermedad grave, muerte y exequias.

Consta que entre los mexicas existían rituales para cada unos de esos y otros momentos tenidos como muy importantes en la vida. Aunque no se ha conservado códice alguno mexica de origen prehispánico que ilustre estos rituales, existen otros testimonios que pueden arrojar considerable luz al respecto. Entre ellos hay varios incluidos en códices del grupo *Borgia* y de la región mixteca, portadores de tradiciones culturales del periodo posclásico, que guardan considerable semejanza con los de los mexicas.

Así, por ejemplo, en la página 19 del *Códice Nuttall* (prehispánico de origen mixteco) se representan varios rituales que, de acuerdo a arraigados preceptos y costumbres, acompañan al matrimonio. Entre ellos sobresale el del baño en un *temazcal,* que tenía lugar al quinto día del matrimonio, práctica a la que hace también referencia fray Toribio de Benavente Motolinía en sus *Memoriales* (segunda parte, capítulo v), escritos hacia 1541. Ilustraciones parecidas a las del *Nuttall* pueden verse también en la página 61 r. del *Códice Mendoza,* mexica de la temprana época colonial. Allí se representan asimismo escenas como la del nacimiento, ofrecimiento del niño en el templo, educación en el hogar y en la escuela y otras muchas más.

Hay asimismo algunos textos en náhuatl procedentes del altiplano central en los que se describen puntualmente "los casamientos de estos naturales". Buena muestra la proporciona el capítulo XXIII del libro IV del *Códice Florentino*. Es éste un *huehueh-tlahtolli*, "antigua palabra" que, junto con otros, hizo copiar fray Bernardino de Sahagún hacia 1547. En él, además de describirse puntualmente los rituales del matrimonio, se conservan las palabras ceremoniales que se dirigían a los novios. Además en ese mismo libro del *Códice Florentino* hay otros *huehuehtlahtolli* referentes a buen número de momentos de gran trascendencia en el ciclo vital de los mexicas.

De la autenticidad de estos textos, respondiendo a algunos "émulos" que la habían puesto en tela de juicio, notó Sahagún que "todos los indios entendidos, si fueran preguntados, afirmarían que este lenguaje es propio de sus antepasados y obras que ellos hacían".

Otra muestra de este género de rituales, plenamente documentables, es el relativo a la muerte y las exequias. En varios códices del grupo *Borgia* se representa la forma como se envolvía a los muertos y los objetos que se colocaban a su lado antes de proceder a su cremación. Puede citarse como ejemplo la página 17 del *Códice Fejérvary-Mayer* o *Tonalámatl de los Pochtecas*. Escenas parecidas se hallan en el *Códice Laud*, también prehispánico, p. 27, y en el *Magliabecchi*, p. 67, que es de origen nahua posthispánico.

Los rituales mortuorios son considerados asimismo con cierto pormenor en el capítulo I del apéndice al libro III del *Códice Florentino*. Allí se incluye otro *huehuehtlahtolli* que habla del modo como ataviaban y envolvían al cadáver, colocaban a su lado diversos objetos y luego lo quemaban. Añadiré que hay información sobre todo esto en varios de los relatos que recogieron en sus crónicas fray Diego Durán, el cronista Fernando Alvarado Tezozómoc y fray Juan de Torquemada al tratar acerca de las exequias de varios de los gobernantes supremos de los mexicas.

Estos ejemplos dejan ver ya con qué género de rituales acompañaban los mexicas los momentos tenidos como trascendentales a lo largo de su ciclo vital.

OTROS RITUALES CIRCUNSCRITOS TAMBIÉN A CONTEXTOS DOMÉSTICOS Y PARTICULARES

Los arqueólogos, y algunos que no lo son, descubren en incontables lugares donde se practican excavaciones en recintos urbanos o en las afueras de las poblaciones y en el campo abierto, figurillas de barro, puntas de pedernal, además de otra gran variedad de objetos de origen prehispánico. En muchos casos se trata de ofrendas que se hicieron con propósitos como los de propiciar la fertilidad de la tierra, consagrar el lugar donde se construye una casa y otros relacionados siempre con el culto a los dioses. De cualquier forma, la presencia de tales objetos es indicadora de la existencia de rituales practicados en contextos domésticos y otros particulares. Debemos al cura de Zumpahuacan, Pedro Ponce, en su *Relación de los dioses y ritos de la gentilidad,* un testimonio que ilustra lo dicho: "Habiendo edificado la casa y puesto en las cuatro esquinas algún idolillo o piedras de buen color y un poquillo de pisiete [tabaco], el señor de la casa llama a los maestros o viejos y visita la casa, mandan aparejar una gallina para otro día y que hagan tamales... y aderesada [la gallina] la toman con tamales y la vuelven a ofrecer al fuego, partida en dos partes, la una dejan en el fuego..."

A su vez, en el *Códice Matritense* que conserva los textos que recogió Sahagún en Tepepulco a partir de 1558, hay una amplia sección que lleva este título en náhuatl: *"Ipan mitoa in izquitlamantli inic tlayecoltiloya teteu"* ("En donde se dicen todas las cosas con que eran servidos los dioses"). Entre ellas se describen en náhuatl ritos y sacrificios, muchos de ellos de carácter doméstico.

Mencionaré las *Tlamanaliztli,* ofrendas de flores, animales y alimentos como tortillas de maíz que, de madrugada, debían hacer las niñas delante de las efigies de los dioses que había en el hogar. A su vez, los hijos varones participaban en las *Tlenamaquiliztli,* ofrendas de fuego, con un sahumador que se dirigía sucesivamente hacia los cuatro rumbos del mundo.

Los rituales de la *Tlatazaliztli,* arrojar (un fragmento del alimento) al fuego, antes de comer o de inciar algo, como —según vimos— en la edificación de una casa, y de la *Tlachpanaliztli,* acción ritual de barrer el patio de la casa cuando amanece, pertenecían también al dicho género de actos en el ámbito doméstico. Algunos de estos ritos pueden contemplarse representados en las pictografías del mismo *Matritense* y de otros códices como el *Magliabecchi,* p. 86, en donde se ve la ofrenda al fuego.

Ritual del baño en Temazcal. *Códice Nuttall.*

RITUALES EN CIRCUNSTANCIAS ESPECIALES PRACTICADOS
POR DETERMINADOS CONJUNTOS DE PERSONAS

Pertenecen a esta categoría buen número de prácticas religiosas como, por ejemplo, las de los agricultores al comenzar la siembra o recoger las cosechas; las de los mercaderes o *pochtecas* al emprender sus viajes comerciales o llegar a sus destinos; las de diversos grupos de artistas y artesanos para propiciar a los dioses patronos de sus respectivos oficios; las de quienes van a salir de cacería o de pesca y otras varias más.

Estos rituales también debían celebrarse en tiempos determinados. Para encontrar cuáles eran los más propicios debía consultarse con los *tonalpouhque,* los que dicen o diagnostican los destinos de los días, de acuerdo con sus lecturas en los *tonalámatl* que de muy variadas formas incluyen registros de la cuenta astrológica de 260 días. Las fuentes principales para enterarse no sólo de cómo se practicaban estos rituales sino de sus significaciones y momentos propicios, son por esto los códices que se conservan del género de los *tonalámatl.* Entre ellos sobresalen el *Borbónico,* el *Tonalámatl de Aubin,* el *Telleriano-Remense* y el *Vaticano A,* todos muy próximos al ámbito cultural mexica.

Dado que estos códices proceden de años posteriores a la invasión española, debe aplicarse el recurso de la comparación de su contenido con el de los del grupo *Borgia.* Hay que reiterar que éstos son todos prehispánicos, si bien de áreas distintas, aunque con afinidad cultural respecto de los nahuas del valle de México. Muestras de rituales relacionados con las prácticas de la cacería y los tiempos propicios para ellas las ofrece, por ejemplo, el *Vaticano B* en las páginas 77 y 96. Por su parte el que he llamado *Tonalámatl de los Pochtecas* (mercaderes), porque incluye muchas referencias a los mismos, vuelve posible enterarse de algunos de sus rituales y días propicios para ellos. En estos y otros códices hay pinturas alusivas a las diversas circunstancias y prácticas, y asimismo signos que representan los días que les corresponden con sus numerales de acuerdo con los cómputos de la cuenta astrológica de 260 días distribuidos en trecenas.

Asimismo hay en el *Códice Florentino* numerosos textos en náhuatl, acompañados de ilustraciones tardías, en los que se describen los rituales que debían practicar, y en qué momentos, los agricultores, mercaderes, diversos artistas, cazadores, pescadores, guerreros y otros. Esos textos están incluidos sobre todo en el libro IV del dicho *Códice*, cuyo tema es "De la astrología judiciaria". Una muestra citaré, la referente al ritual que correspondía a los pintores y a las mujeres tejedoras de prendas de vestir para honrar el signo del día 7-Flor, vinculado a la diosa Xochiquétzal (*Códice Florentino*, libro IV, capítulo II).

De los rituales propios de los que trabajaban la tierra hay numerosas referencias en el mismo *Florentino*, en varios del grupo *Borgia* y también representaciones plásticas como las esculturas de Chicomecóatl, la diosa de los mantenimientos, que aparece a veces con ofrendas de mazorcas tiernas de maíz.

Entre las ceremonias que tenían lugar a lo largo de la cuenta del año solar de 365 días, mencionaré por su relación con este género de prácticas y ofrendas la de la veintena de días llamada *Atemoztli*, "Descendimiento del agua". Comenzaba ya a tronar el cielo y caían las primeras aguas. Entonces "la gente, por amor del agua, hacía votos de hacer las imágenes de los montes" (es decir de los dioses de ellos, los *tlaloque*). Dichas imágenes, hechas de masa de bledos, se colocaban luego en los adoratorios de las casas y, delante de ellas, toda la familia y otros invitados comían tamales pequeñitos, en tanto que unos jovenzuelos tañían sus flautas.

La mención de la veintena de días *Atemoztli* nos lleva ya a atender a los más solemnes entre los rituales que practicaban los mexicas. Correspondían éstos a las grandes fiestas que tenían lugar en distintos templos, de acuerdo con el calendario de 365 días, de modo especial en el Mayor, el de Huitzilopochtli y Tláloc.

LAS GRANDES FIESTAS Y CEREMONIAS A LO LARGO DEL AÑO

Bien sabido es que los pueblos mesoamericanos, y por consiguiente también los mexicas, medían el tiempo valiéndose de un calendario solar de 18 veintenas de días, más cinco al final, tenidos éstos como aciagos. Justamente en cada una de las veintenas, y de acuerdo con los preceptos de su liturgia, era cuando tenían lugar las múltiples ceremonias y en particular una fiesta con la que culminaban los varios rituales.

Para el estudio de estas fiestas se dispone de varios códices indígenas y de un conjunto de textos escritos con el alfabeto, algunos en náhuatl y otros en castellano, de tiempos posteriores. Entre los códices sobresale el ya mencionado *Borbónico* que en sus páginas, de la 23 a la última, incluye con pinturas y algunos glifos representaciones de gran interés de cada una de las 18 fiestas, además de la correspondiente a la del Fuego Nuevo, al cerrarse un ciclo de 52 años. También los códices *Telleriano, Vaticano A, Magliabecchi, Tudela* y *Matritense,* en sus "Primeros memoriales", ofrecen imágenes y caracteres referentes a cada fiesta.

Es cierto que estos códices proceden de los años que siguieron a la invasión española. Pero el hecho de haber sido elaborados de manera independiente —con excepción del *Telleriano* y el *Vaticano*, así como probablemente del *Magliabecchi* y el *Tudela*, que respectivamente guardan estrecha relación entre sí— permite afirmar que estamos frente a varias fuentes independientes cuyas coincidencias testimoniales avalan su veracidad. Y diré aquí que es sorprendente que hasta ahora no se haya intentado un análisis comparativo del contenido de estos códices en cuanto a las fiestas se refiere, ni tampoco se haya realizado esto en relación con todos los textos en náhuatl y en castellano que tratan de las mismas.

Las descripciones que se conservan en náhuatl de las 18 grandes fiestas que celebraban los mexicas a lo largo del año —una breve y otra mucho más extensa— se conservan en el *Códice Matritense* y asimismo en el *Florentino*. Textos en castellano también sobre las fiestas, y que son además testimonios obtenidos de manera independiente de los ya mencionados, son los que proporciona fray Diego Durán en su *Historia de las Indias de Nueva España,* que incluye asimismo pinturas, obra que más tarde influyó en el trabajo del jesuita Juan de Tovar, la *Relación del origen de los indios*. También son fuentes independientes sobre esto lo aportado por fray Toribio de Benavente Motolinía en sus *Memoriales*, así como varias de las *Relaciones geográficas* del siglo XVI, entre ellas las de Acolman, Tlaxcala y Teotitlán del Camino.

Con apoyo en este caudal de testimonios, a los que podrían añadirse las múltiples alusiones a algunas de estas fiestas en otras varias crónicas, es posible asomarse al universo de las celebraciones mexicas y sus complejos rituales. Y, puesto que ahora nos es dado contemplar cuanto ha salido a luz de lo que fue el Templo Mayor de Tenochtitlan, la imaginación podrá ubicar un poco mejor los relatos y representaciones pictóricas que nos hablan del esplendor del culto religioso que allí se desarrollaba de acuerdo con las divisiones del tiempo y una compleja liturgia.

Limitaciones de espacio —y también de tiempo— me impiden describir aquí cada una de esas grandes fiestas. Por ello he de limitarme a hablar de una sola particularmente interesante, la llamada *Huey Tozoztli,* "Gran vigilia".

Correpondía ella a la cuarta veintena de días. El conjunto de sus rituales guardaba estrecha relación con las actividades agrícolas. De modo particular hacían entonces adoración a Tláloc, Dios de la Lluvia y a Chicomecóatl, la diosa de nombre calendárico 7-Serpiente, protectora de los mantenimientos.

Aunque no hay coincidencia en quienes informan acerca de cuándo caía esta fiesta en términos del calendario cristiano, puede situarse su culminación en la segunda parte del mes de abril. Era este el tiempo en que, como lo nota Sahagún, había ya cañas de maíz en las milpas aunque todavía muy pequeñas. Recogiendo algunas, la gente del pueblo "componíalas con flores e íbanlas a poner delante de su diosa a la casa del que llamaban *calpulli* y también ponían comida delante de ellas".

En el conjunto de testimonios sobre esta fiesta, algunos enfatizan el culto que se daba en ella a Tláloc, dios de la lluvia. Tal es el caso del *Códice Borbónico* y del relato de fray Diego Durán en su *Historia de las Indias de Nueva España*. Otros, en cambio, privilegian a Chicomecóatl como deidad que era entonces centro principal de los rituales.

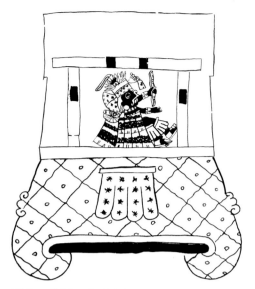

Tláloc. *Códice Borbónico.*

Los códices *Vaticano A, Magliabecchi* y *Tudela,* así como los relatos de Sahagún en los códices *Matritense* y *Florentino,* aducen a la imagen de esta diosa y tratan ampliamente acerca de ella. Para explicar esta diferencia hay que recordar que Tláloc y Chicomecóatl guardaban relación estrecha con los mantenimientos y podían ser a la vez objeto de adoración dentro de la concepción dual que tenían los mesoamericanos de la divinidad.

En la página 24 del *Códice Borbónico,* dedicada a esta fiesta, aparece Tláloc en el adoratorio de un templo erigido sobre un monte. Esta imagen puede simbolizar tanto a un templo, verosímilmente el principal de Tenochtitlan, como a una elevación geográfica, ya que precisamente en los montes se rendía especial culto a Tláloc. A él se dirigen en la representación de este códice varias personas. Dos llevan a cuestas un niño. Una presenta insignias de papel rociado de hule y otra va portando unas banderas. Otras dos traen como ofrendas haces de leña y un cesto con comida. Por su parte, el texto en náhuatl recogido por Sahagún refiere que buen número de muchachas, llevando mazorcas de maíz del año pasado, iban a presentarlas en procesión ante el templo de la diosa Chicomecóatl. Después, se tomaba de esas mismas mazorcas la semilla para la siembra del año próximo. Otro ritual consistía en hacer con masa de bledos la imagen de la diosa y colocarla en el patio de su templo para ofrecerle allí todo género de mantenimientos.

Rica en detalles complementarios es la pintura de esta fiesta en los "Primeros memoriales" de Sahagún. Allí se ve, en un pequeño rectángulo, un personaje sentado que tiene, como en el *Borbónico,* un adorno de papel salpicado de hule. Tres cabezas humanas, dos de ellas con su *amatlaquémitl,* especie de pechera hecha de papel, propia de los *tlaloque,* dioses de la lluvia, están ante él, lo que confirma la convergencia de las deidades. También aparecen allí las muchachas con sus ofrendas y dos sacerdotes que suben al templo de Chicomecóatl, representado por una mujer que va a ser sacrificada.

Otra ceremonia muy especial tenía entonces lugar, no ya en el recinto del Templo Mayor sino en el conocido como cerro de Tláloc, situado al sur de Tezcoco. A él acudían en procesión los señores de México, Tezcoco y Tlacopan con los sacerdotes y una gran multitud. En la cumbre, donde estaba el santuario del dios de la lluvia, se celebraba la fiesta. Tanto allí como en el Templo Mayor, se hacían varios sacrificios, entre ellos algunos de niños. También se purificaban las mujeres recién paridas. El mismo Sahagún conservó los himnos sagrados que se entonaban en varias de estas fiestas. Hay dos dedicados respectivamente a Tláloc y Chicomecóatl que verosímilmente se cantaban entonces como parte de estos rituales.

Teniendo a la vista, o al menos en el pensamiento, la pintura que aparece en el *Códice Matritense* de Sahagún, podemos imaginar cómo las doncellas que bailaban ante el templo de Chicomecóatl, al igual que algunos dignatarios del sacerdocio, entonaban el himno dedicado a ella y que ha llegado hasta nosotros. Tal vez se trata de sólo un fragmento, ya que en su transcripción se conserva una única estrofa que se repite dos veces. Estas son sus palabras vertidas del náhuatl:

"Siete Mazorcas, levántate,
cúbrete de sangre, eres en verdad Nuestra Madre,
tú nos dejarás huérfanos,
tú ya te vas a tu casa, el Tlalocan."

Invocada como Siete Mazorcas, literalmente "Siete Olotes", la diosa madre Chicomecóatl, llamada también Xilonen, aparece en otros textos como Chalchiuhtlicue, "la de la falda de jade". Bajo esta advocación era adorada como señora de las aguas terrestres, aspecto femenino de Tláloc.

De los rituales que se hacían en esta fiesta en honor de dicho dios, unos tenían lugar en el Templo Mayor y otros en lo más alto del cerro que llevaba su nombre. No podemos saber si el himno a Tláloc que hizo transcribir Sahagún se entonaba en el recinto del templo, en el monte o en ambos lugares. Vamos a recordarlo con un breve comentario. En él se pide prestada a Tláloc la lluvia. Se mencionan también "manojos de ensangrentadas espinas", aludiendo probablemente a los niños que van a serle sacrificados.

Bulto mortuorio. *Códice Magliabecchi.*

"Ay, en México se está pidiendo un préstamo al dios.
En donde están las banderas de papel
y por los cuatro rumbos
están en pie los hombres.
¡Al fin es el tiempo de su lloro!
Ay, yo fui creado
y de mi dios
festivos manojos de ensangrentadas espinas,
ya llevo
al patio divino.
Ay, eres mi caudillo, Príncipe Mago,
y aunque en verdad
tú eres el que produce nuestro sustento,
aunque eres el primero,
sólo te causan vergüenza."

Luego, cual si el mismo dios respondiera, se entonan palabras que, por el contexto, parecen atribuírsele:

"Ay, pero si alguno
ya me causa vergüenza,
es que no me conocía bien:
vosotros sois mis padres, mi sacerdocio,
Serpientes y Tigres."

De nuevo el coro de cantores retoma, como en una plegaria, las invocaciones dirigidas a Tláloc:

"Ay, en Tlalocan, en nave de turquesa,
suele salir y no es visto
Acatónal.
Ay, ve a todas partes,
extiéndete en Poyauhtlan.
Con sonajas de niebla
es llevado al Tlalocan
mi hermano Tozcuecuexi."

Por el contexto puede pensarse que quien habla luego es una de las víctimas que van a ser sacrificadas. Marchará al lugar del misterio, pero como es un niño, tal vez a los cuatro años vuelva a la vida en la tierra. Estas son las palabras del coro:

"Yo me iré para siempre,
es tiempo de su lloro.
Ay, envíame al Lugar del Misterio:
bajó su mandato.
Y yo ya dije
al Príncipe de funestos presagios:
Yo me iré para siempre,
es tiempo de su lloro.
Ay, a los cuatro años
entre nosotros es el levantamiento.
Sin que se sepa,
gente sin número
en el lugar de los descarnados,
casa de plumas de quetzal,
se hace la transformación.
Es cosa propia del Acrecentador de los Hombres."

Concluido este himno, las danzas se sucedían una tras otra. La fiesta de *Huey Tozoztli,* la Gran Vigilia, culminaba con el regreso de los sacerdotes, los señores y el pueblo que descendían del cerro de Tláloc. Así como esta que se celebraba en la cuarta veintena de días dentro del calendario solar, había otras 17 fiestas más que, en tiempos determinados, y con apego a sus preceptos, daban vida una y otra vez a la liturgia sagrada de los mexicas. En esas fiestas, estrechamente relacionadas con el ciclo agrícola, se rendía culto a los principales dioses del panteón de los nahuas. De modo especial eran festejados Tláloc, Xipe-Tótec, Tezcatlipoca, Huitzilopochtli, Xilonen, Cihuacóatl, Huitztocíhuatl, Tlazoltéotl, Otontecuhtli, Mixcóatl, Teteoinnan, Xiuhtecuhtli, Yacatecuhtli y Quetzalcóatl. Con frecuencia afloraba en sus rituales la concepción dual de la divinidad. En última instancia a ella se hacía adoración invocándola en sus distintas manifestaciones.

Algunas de las muchas ceremonias que se practicaban en estas fiestas de hallan representadas en los códices. Otras se encuentran descritas en los textos en náhuatl, como el muy amplio ya citado acerca de "todas las cosas con que eran servidos los dioses". Cierto es que los sacrificios humanos tenían lugar muy importante entre los rituales mexicas. Con ellos se buscaba fortalecer la existencia del Sol y, por consiguiente, la del universo. La sangre se volvía principio de vida para dioses y hombres. Pero a la vez que se practicaban estos sacrificios había otros muchos, como el de la decapitación de codornices, colocación de espinas del autosacrificio, vigilias en la noche y también una gran variedad de ofrendas y ceremonias. Entre estas últimas estaban los toques de flauta a diversas horas del día y de la noche, las procesiones, presentación de flores y frutos, la quema de copal o incienso, los cantos, danzas y palabras rituales de los sacerdotes y sabios.

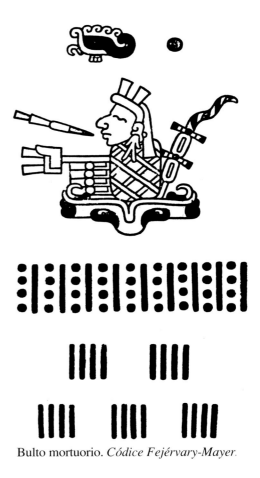

Bulto mortuorio. *Códice Fejérvary-Mayer.*

Diré en conclusión que, para acercarse al gran conjunto de los rituales de los mexicas y otros pueblos nahuas y en general mesoamericanos, debe tenerse presente que sus celebraciones estaban siempre normadas en función de las distintas medidas del tiempo. Las creencias, los preceptos, los ritos, las fiestas, el espacio y el tiempo sagrados existían así integrados como elemento primordial en la antigua cultura con arreglo a su concepción de un tiempo cíclico y sagrado. Bien valoró fray Bartolomé de las Casas la religiosidad de los mexicas y otros mesoamericanos cuando escribió en su *Apologética historia sumaria* que "nunca gente hubo en el mundo de cuantos hemos nombrado, ni parece haber sido… que tan religiosa y devota fuese ni de tanto cuidado y que tanto cerca del culto de sus dioses haya trabajado y arresgado [hasta ponerse en riesgo], como los de la Nueva España. Esto parecerá en el proceso de lo que de sus sacrificios se considera bien claro, y no deja de parecer en lo que ya se ha dicho de los dioses que tuvieron…" (cap. CLXIX).

Lo expuesto es mínima muestra de eso mucho de que habla el padre Las Casas y que cabe investigar acudiendo a testimonios como los aquí aducidos y también, si se quiere, a las supervivencias rituales, prueba inequívoca de la profunda religiosidad que perdura entre los pueblos indígenas del México contemporáneo.

MIGUEL LEÓN-PORTILLA

19

EL ESPACIO CÓSMICO

(EL JUEGO DE PELOTA)

JUGADOR DE PELOTA
DE CUICUILCO
Cuicuilco. Preclásico medio
Cerámica
9.7 × 4.5 cm
Museo de Sitio de Cuicuilco, INAH,
México, D.F.
[10-131149]
Cat. 19

El juego de pelota formó parte de los complicados rituales que tiñeron la vida religiosa de los pueblos prehispánicos. De tradición ancestral, el Juego de Pelota es uno de los muchos rasgos culturales que permitieron a Paul Kirchhoff unificar el vasto territorio que abarca desde el centro de la República Mexicana hasta Centroamérica, bajo un mismo término: Mesoamérica. Inclusive se han encontrado canchas de Juego de Pelota en el sur de Estados Unidos, lo que demuestra que el juego rebasó las fronteras culturales de la América media. El *tlachtli*, como se le conoce en lengua náhuatl, no era practicado como un mero deporte. Trascendió a un plano casi mítico, en el que el juego mismo era la representación teatral de una gran guerra cósmica entre los poderes nocturnos y diurnos, inmersa en la concepción dual prehispánica de la lucha de los contrarios, los opuestos. Sobre la antigüedad de esta actividad ritual nos habla la representación del jugador que lleva una pelota en la mano proveniente de Cuicuilco, es decir, hablamos de una pequeña escultura manufacturada en un periodo de hace 700 años, aproximadamente. La boca está entreabierta y sus grandes ojos son simulados por líneas incisas características de la época preclásica. Por medio de la técnica del pastillaje se marca la cabellera y el tocado, es decir, son aplicaciones del mismo barro; lo mismo que el cinturón o protector característico de los jugadores de pelota y la pelota misma.

El nacimiento del Juego de Pelota se remonta mucho más atrás, entre 1 500 a 1 000 años a. C., durante el desarrollo de la civilización olmeca de La Venta, en el Preclásico Inferior; cultura nacida entre selvas huleras, que proveían el látex para manufacturar las pelotas. LC

20

JUGADOR DE PELOTA MAYA
Maya-Jaina. Clásico
Cerámica
12.8 × 12.5 cm
MNA, INAH, México, D.F.
[10-78165]
Cat. 20

Entre los mayas, el Juego de Pelota se llamaba *pokyan* y las características del mismo no se diferenciaban del resto de Mesoamérica. Los jugadores se ataviaban con los instrumentos propios del juego, para poder llevarlo a cabo. La isla de Jaina, frente a las costas del estado de Campeche, al sureste de la República Mexicana, fue un centro ceremonial y funerario de los antiguos mayas. De allí provienen las famosas esculturillas de cerámica policromada, cuya belleza plástica ha trascendido las fronteras y que representan personajes de la vida civil y religiosa: sacerdotes, guerreros, mujeres y hombres comunes, deformes, disfrazados, animales, etc., todas ellas trabajadas en perfecto equilibrio plástico con gran detalle realista. De este grupo

21

de figurillas proviene el jugador de pelota que mostramos. Su cuerpo regordete se encuentra ceñido por un grueso cinturón, quizá el equivalente al "yugo". Porta en su cabeza un casco terminado en punta en la parte superior; los protectores acostumbrados en muñecas y antebrazos, así como un sencillo faldellín, como únicos atavíos. Por adornos lleva sendas orejeras que enmarcan sus típicos rasgos mayas y un collar. Retrata maravillosamente el instante en el que el jugador golpea la pelota, descansando sobre una de sus rodillas, y sus brazos en movimiento evidencian la dinámica del juego. LC

JUGADOR DE PELOTA ZAPOTECO
Zapoteca. Clásico
Cerámica
12.7 × 16.4 × 14.2 cm
MNA, INAH, México, D.F.
[10-222350]
Cat. 21

El arte zapoteca también dejó para la posteridad evidencias de la costumbre del Juego de Pelota, llamado entre ellos *taladzi*. En Monte-Albán, Oaxaca, la existencia de una gran cancha de Juego de Pelota dentro del centro ceremonial así lo indica. La presente figurilla representa un jugador en posición sedente, con un "yugo" en uno de sus costados. Lleva un pequeño tocado doble, orejeras, collar y viste sus rodilleras decoradas. El delicado moldeado de sus facciones retrata fielmente los rasgos físicos del indígena oaxaqueño. LC

LÁPIDA DE APARICIO

Centro de Veracruz. Clásico
Piedra
125 × 53.3 × 23 cm
MNA, INAH, México, D.F.
[10-136579]
Cat. 22

Algunas canchas de Juego de Pelota conservan una banqueta decorada con relieves alusivos, como es el caso de El Tajín, Uxmal y Chichén Itzá. En esta última aparecen hombres ataviados con sus "palmas", "yugos" y "hachas"; así como jugadores sacrificados vertiendo chorros de sangre como producto de la decapitación. Por esas evidencias aludidas, la guerra cósmica representada en el Juego de Pelota culminaba con la decapitación, posiblemente, del ganador; tomando en cuenta que morir en sacrificio, muy lejos de ser considerado un castigo, era un honor que les permitiría acompañar al Sol. Los diseños en la banqueta que hemos aludido, son muy semejantes al de este relieve conocido como la "Lápida de Aparicio", que procede del centro de Veracruz. En él se observa a un jugador sentado sobre un pequeño trono, con el torso de frente, vestido con su faldellín y sus sandalias. Ciñe un "yugo" en la cintura y porta un "hacha" en la mano que posa sobre el trono. Una "palma" sale por atrás de su espalda. De su cuello brota un chorro de sangre representado por siete serpientes. Toda la composición se enmarca en un rectángulo vertical donde los espacios libres casi no existen. LC

YUGOS

Centro de Veracruz. Clásico
Piedra verde
12.7 × 38 × 43 cm
MNA, INAH, México, D.F.
[10-222348]
Cat. 23

Centro de Veracruz. Clásico
Piedra verde
10.1 × 34.3 × 40 cm
MNA, INAH, México, D.F.
[10-221982]
Cat. 24

Siendo parte de la profunda religiosidad de los pueblos prehispánicos, el Juego de Pelota alcanzó importancia tal en la vida espiritual, que se han encontrado más de 600 canchas de *tlachtli* en la mayoría de los centros ceremoniales descubiertos hasta la fecha en Mesoamérica; todas ellas inmersas en el espacio sagrado, para poder hacer posible la comunión con la sacralidad.

De igual modo se han hallado inumerables piezas escultóricas relacionadas con el atuendo de los jugadores, pero que se piensa tuvieron un uso exclusivamente funerario o ritual. Tal es el caso de estos dos "yugos", ambos procedentes del centro de Veracruz y que posiblemente representen los cinturones del jugador de pelota. Estas esculturas constituyeron un reto para el artista creador, quien debió resolver plásticamente el problema de integrar las formas, distorsionarlas y sintetizarlas en un bloque en forma de herradura. La calidad del tallado es asombrosa, con planos bien definidos y contornos perfectamente pulidos y redondeados. Representan figuras humanas y fantásticas rodeadas de ondulantes diseños de carácter simbólico. LC

22

23

24

El Tajín, Centro de Veracruz. Clásico
Piedra (basalto)
35 × 21 × 13.5 cm
Museo de Antropología de Xalapa,
Veracruz
[49 PJ3983]
Cat. 27

En el terreno de lo artístico, los
ejemplares más extraordinarios de
esculturas conocidas como "palmas"
provienen del centro de Veracruz, y
pertenecen al periodo llamado Clásico
Veracruzano. Las "palmas" votivas son
esculturas también asociadas al Juego de
Pelota y en ellas se manifiesta la habilidad
del artista creador ya que, sobre una forma
o modelo prestablecido —justamente en
forma de palma—, se lograron gran
variedad de temas, ya sean cabezas o
cuerpos completos de humanos y
animales, rodeados de adornos simbólicos,
o ataviados con elaborados ropajes y
penachos. Tal es el caso de las dos palmas

que pertenecen a la colección del Museo
Nacional de Antropología de la Ciudad de
México: la más grande representa la
cabeza de un personaje portando un
penacho decorado con líneas que se
entrelazan. Luce orejeras y de su boca
abierta emerge un chorro de agua, lo
que quizá lo identifica con alguna
deidad del agua y la fertilidad.

La pieza chica logra contener en
reducido espacio la figura de un personaje
ricamente ataviado, que se encuentra
arrodillado. Sus adornos y penacho lo
distinguen como algún personaje
importante o una deidad.

Como contraparte de estas dos piezas
que muestran una abigarrada explosión de
formas, la palma de la colección del
Museo de Antropología de Xalapa
expresa, con un suave tallado en
altorrelieve, únicamente dos manos cuya
posición imita la forma de la "palma"
que las contiene. La extraordinaria
capacidad de síntesis y la sencillez de esta
obra son evidentes. LC

25

PALMAS

El Tajín, Centro de Veracruz. Clásico
Piedra (basalto)
59.5 × 22.2 × 14.2 cm
MNA, INAH, México, D.F.
[10-222308]
Cat. 25

El Tajín, Centro de Veracruz. Clásico
Piedra (basalto)
44.9 × 21.7 × 13.5 cm
MNA, INAH, México, D.F.
[10-222310]
Cat. 26

26

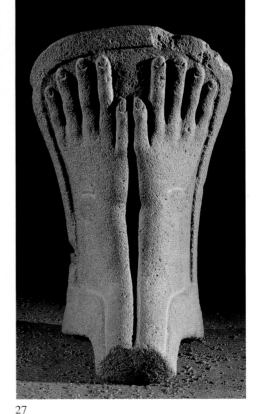

27

común a las "palmas" y a los "yugos", se trabajó sobre un modelo definido, con las ligeras variantes que el quehacer artístico permitió, para representar básicamente cabezas antropomorfas o zoomorfas. Las "hachas" del Museo Nacional de Antropología muestran, una, el rostro de perfil de un personaje que porta una especie de máscara; a saber por la delicada línea que da contorno a los ojos dejando libre la boca y la barbilla, y que recorta como parte de la misma máscara, la forma de la huella de un pie humano. La otra representa un cráneo apenas definido por suaves trazos que marcan las órbitas oculares y la mandíbula, con una elementalidad conmovedora.

Caso contrario es el "hacha" del Museo de Xalapa, la que muestra un personaje, igualmente de perfil, pero cuyo elaborado tocado obliga a una lectura visual más complicada. LC

28

HACHAS

El Tajín, Centro de Veracruz. Clásico
Piedra (basalto)
21.3 × 16.5 × 5.1 cm
MNA, INAH, México, D.F.
[10-2645]
Cat. 28

El Tajín, Centro de Veracruz. Clásico
Piedra verde
25.5 × 22.7 × 4.4 cm
MNA, INAH, México, D.F.
[10-40944]
Cat. 29

El Tajín, Centro de Veracruz. Clásico
Piedra (basalto)
46 × 18.5 × 7.5 cm
Museo de Antropología de Xalapa,
Veracruz
[49 PJSR]
Cat. 30

Las conocidas como "hachas" son elementos de uso incierto, pero por las evidencias se asocian también al Juego de Pelota y su carácter es igualmente funerario. En ellas se observa el libre curso de la habilidad artística y en caso

29

de la siguiente forma: se colocaban los jugadores en uno y otro extremo de la cancha, despejaban con la mano una pequeña pelota de hule macizo, del tamaño aproximado de la cabeza de un hombre y la ponían en movimiento, pegándole en tres modalidades principales: con las manos y los pies, con la ayuda de un mazo o palo y con los hombros y la cadera (esta última especialidad se llamaba *ullamaliztli* y fue la más difundida). Posiblemente había otros métodos para anotar los puntos dentro de la cancha, pues difícilmente se lograba introducir la pelota por el aro,

que no siempre era tal. Algunos marcadores son complicadas esculturas en forma de animales, en cuya composición se dejaba una oquedad circular para por allí introducir la pelota. Este marcador en forma de aro procedente de la zona arqueológica de Chichén Itzá, en Yucatán, muestra dos serpientes emplumadas que se entrelazan, adornadas con caracoles y cuyas cabezas con penachos de plumas se encuentran en la parte superior. Desafortunadamente una de las cabezas está destruida casi en su totalidad, pero se advierten algunas de las escamas de la piel. LC

30

MARCADOR DE JUEGO DE PELOTA
Maya. Postclásico temprano
Piedra caliza
$30.0 \times \phi\ 122$ cm
Museo de Sitio de Chichén Itzá, INAH, Yucatán [10-290175]
Cat. 31

La cancha se llamaba *teotlachco* y representaba el universo; tenía forma de I latina o de número "uno romano", con altos muros en los que se empotraban los marcadores a través de los cuales debía pasar la pelota. Según las descripciones de los cronistas el juego se llevaba a cabo

31

32-41

OFRENDA DE JUEGO DE PELOTA

CANCHA
Mexica. Postclásico tardío
Piedra (basalto)
5 × 36 cm
MNA, INAH, México, D.F.
[10-222324]
Cat. 32

CANCHA
Mexica. Postclásico tardío
Piedra (basalto)
11 × 7 cm
MNA, INAH, México, D.F.
[10-222325]
Cat. 33

PELOTA
Mexica. Postclásico tardío
Piedra (mármol)
ø 11 cm
MNA, INAH, México, D.F.
[10-222329]
Cat. 34

PELOTA
Mexica. Postclásico tardío
Piedra (obsidiana)
ø 11.5 cm
MNA, INAH, México, D.F.
[10-222327]
Cat. 35

REPRESENTACIÓN DE UN
CAPARAZÓN DE TORTUGA
Mexica. Postclásico tardío
Piedra
3 × 4.5 cm
MNA, INAH, México, D.F.
[10-222320]
Cat. 36

TEPONAXTLI
Mexica. Postclásico tardío
Piedra
3 × 6.5 cm
MNA, INAH, México, D.F.
[10-222317]
Cat. 37

TEPONAXTLE
Mexica. Postclásico tardío
Piedra
4 × 2 cm
MNA, INAH, México, D.F.
[10-222321]
Cat. 38

HUÉHUETL
Mexica. Postclásico tardío
Piedra
2 × 3.5 cm
MNA, INAH, México, D.F.
[10-222322]
Cat. 39

BAQUETA DE PERCUSIÓN
Mexica. Postclásico tardío
Piedra
7 × 1 cm
MNA, INAH, México, D.F.
[10-222318]
Cat. 40

MACUILXÓCHITL
Mexica. Postclásico tardío
Piedra
10 × 5 cm
MNA, INAH, México, D.F.
[10-222323]
Cat. 41

En el recinto ceremonial azteca, el Juego de Pelota se ubicaba, en el mismo eje que el Templo Mayor, frente al Templo de Quetzalcóatl. Su reconstrucción parte de las semejanzas que en esencia se conservaron durante miles de años en todo el territorio mesoamericano, con las ligeras variantes que daba el estilo arquitectónico de cada cultura. Basados también en testimonios de los cronistas españoles, la cancha medía aproximadamente 43 × 12 metros

en el patio central y 35 × 12 metros los patios transversales. Las graderías se llenaban de público expectante por ver el resultado final del combate.

Esta ofrenda funeraria con objetos relacionados al Juego de Pelota, procede de la Ciudad de México. Está compuesta por la representación en miniatura de dos canchas, con su clásica forma de número "uno romano", dos pelotas, una de obsidiana y otra de mármol, que simulan las que se usaban de hule; cuatro esculturitas de tambores *huéhuetl* y *teponaxtle;* una baqueta de percusión y la imagen de la cabeza de Macuilxóchitl, deidad asociada a los juegos. Resulta claro que el Juego de Pelota era acompañado por música, al igual que todos los ritos y ceremonias aztecas, lo que daba al evento un significado seguramente conmovedor y emocionante. LC

HOMBRE MAYA RECOSTADO
Maya. Postclásico temprano
Piedra caliza
135 (largo) × 86 × 56 cm
Museo de Sitio de Chichen Itza, INAH, Yucatán.
[10-569277]
Cat. 42

Esta escultura maya es conocida familiarmente como Chac Mool por el hecho de que el personaje está recostado. La posición que guarda no es la iconográficamente aceptada, menos en un mundo donde la libertad de expresión artística era una quimera, pues el concepto de arte como tal, para halagar a los sentidos, no existía, sino que respondía básicamente a las necesidades del culto de las teocracias

42

mesoamericanas y a determinados cánones estéticos. De tal modo, el Chac Mool nace y se desarrolla a través del periodo Postclásico con formas tradicionalmente aceptadas, con las variantes de estilo que le imprimió cada cultura, pero siempre sobre la base de un mismo esquema al que haremos referencia posteriormente en la figura 106. De acuerdo a este planteamiento, la soltura de la posición que guarda este personaje es de una naturalidad inaudita, que la figura de Chac Mool tradicional no logra alcanzar. Recostado sobre sus caderas, torna el torso hacia arriba a la altura de la cintura, descansando parte de la espalda sobre la base; uno de sus brazos recarga el codo en la superficie de la misma para finalmente posar la mano sobre el vientre. El otro brazo se halla paralelo a su costado. Los hombros se posicionan levantados y suspendidos y su cabeza está volteada de perfil al torso; es decir, toda la figura se sitúa en franco decúbito lateral derecho. La cabeza se encuentra adornada por un sencillo tocado y en su cara luce la tradicional nariguera tubular. Lleva así mismo un collar, muñequeras, ajorcas y sandalias. La aparente desnudez del hombre refuerza la sensación de naturalidad y el movimiento logrado por los giros del cuerpo evocan cuando el jugador de pelota se tiende en el suelo con agilidad para no permitir que la pelota caiga al suelo. Otra figura en similar posición se encuentra localizada en el ex-templo de San Juan, en Mérida, Yucatán. LC

El ritual y las oblaciones

PIEDRA DE SACRIFICIO
Mexica. Postclásico tardío
Piedra (basalto)
92 × 78 × 28 cm
MNA, INAH, México, D.F.
[10-81578]
Cat. 43

Los rostros de los dioses expresan la concepción de un mundo mágico, oculto y terrible; son presencia de una realidad que vivía y moría y fueron creados por el hombre que, motivado en parte por el miedo y en parte por la esperanza, buscaba respuestas a la necesidad innata de trascender.

Para concretar la comunión del hombre con las divinidades, el rito hace las veces de enlace; y no en pocas ocasiones los ritos representan a los mitos que dieron origen a los dioses. El ritual mesoamericano, con su mosaico cultural tan extenso, es de una complejidad extraordinaria. Todo estaba impregnado de un profundo sentimiento religioso, por lo que el ritual formó parte inherente e indisoluble en la vida del hombre que quería comunicarse con sus dioses. Igualmente, los ritos eran una necesidad

43

44

colectiva y un instrumento de control de los jerarcas hacia la sociedad. Eran también un instrumento de poder y excusa para dominar a terceros; como en el caso de las Guerras Floridas, en que los prisioneros eran destinados a ser figuras centrales en los ritos de sacrificio humano, como se verá más adelante. Los ritos que se celebraban al inicio de cada mes del calendario ritual o *Tonalámatl*, variaban en forma, contenido y duración dependiendo de la divinidad invocada; pero uno, el ritual del sacrificio humano, guardaba la esencia primigenia de morir para nacer; de morir para satisfacer al dios. Esta piedra de sacrificio o *techcatl*, es una de los pocos ejemplares que se conocen. Sobre el vértice se colocaba a la víctima, la que era sostenida de pies y manos por varios sacerdotes; su tórax se proyectaba hacia arriba por la presión de la punta de la piedra sobre su espalda, lo que permitía al Gran Sacerdote efectuar la inmolación con más facilidad. Esta piedra representa a una serpiente bicéfala, ondulante. LC

CUCHILLO DE SACRIFICIO
Mixteca. Postclásico tardío
Sílex y madera
30 × 5 cm
MNA, INAH, México, D.F.
[10-81376]
Cat. 44

Para los pueblos mesoamericanos, el sacrificio humano representaba la garantía de que los dioses mantuvieran el orden de las cosas y el desarrollo de la vida. En los mitos, los dioses se inmolan para dar origen y existencia; toca al ser humano retribuir ese sacrificio dándoles lo más preciado: la sangre. Común a todas las culturas mesoamericanas, el sacrificio humano requería de toda una parafernalia para llevarlo a cabo; los objetos rituales necesarios consistían en una piedra de sacrificio: un *cuauhxicalli*, para colocar el corazón, y un pedernal. Los cuchillos para sacrificio son, en ocasiones, muy sofisticados formal e iconográficamente, como debe corresponder a un rito tan

importante. En este caso, el cuchillo que presentamos está compuesto por una navaja de sílex apoyada en una empuñadura de madera. Proviene de la cultura mixteca que se desarrolló en la zona de Oaxaca. El sacerdote cortaba la piel y músculo de la víctima con este tipo de pedernales para, posteriormente, meter la mano por debajo del esternón y cortar la víscera cardiaca para extraerla. LC

45

CUAUHXICALLI
Mexica. Postclásico tardío
Piedra (basalto)
17.5 × 40.3 cm
MNA, INAH, México, D.F.
[10-220916]
Cat. 45

CUAUHXICALLI CON FLORES
Mexica. Postclásico tardío
Piedra (andesita)
43 × ø 75 cm
Museo de Santa Cecilia Acatitlán, INAH,
Estado de México
[MNA 000072]
Cat. 46

Este *cuauhxicalli* de uso ritual tiene las paredes redondeadas y su decoración consiste en una banda de petate entretejido situada en el borde del recipiente; de ella cuelgan tiras semejantes a las borlas de las deidades de la fertilidad. El motivo central, que se repite en cuatro ocasiones intercalado con las borlas, consiste en una flor con múltiples pétalos circulares, enmarcada por cuatro hojas que posiblemente representen los cuatro rumbos del universo. En el centro de la flor se aprecia un *chalchihuite* con un ojo. Sobre este motivo se sitúa un elemento geométrico, arriba del cual dos *chalchihuites* están flanqueados por diseños similares a las representaciones de gotas de sangre, a su vez adornados por

Los recipientes llamados *cuauhxicalli* o "vaso de las Águilas", se utilizaban para contener los corazones de los sacrificados. Simbólicamente la divinidad descendía hasta estos recipientes para beber la sangre. Existe gran variedad de este tipo de jícaras de piedra, todas de forma circular, siendo la presente uno de los ejemplares más bellos por la calidad de sus diseños y el simbolismo que encierran. Al interior del recipiente se encuentra la representación de una bola de heno, llamada *zacatapayoli*, con espinas de maguey ensartadas en ella y cuyo significado explicaremos más adelante. En el exterior aparece una sucesión de cráneos, adornados con moños en la nuca y que están enmarcados por trenzas ubicadas en el borde y base de la jícara. LC

46

47

mística del sacrificio humano era la de otorgar a los dioses la sangre y los corazones, como lo más preciado del ser humano, en retribución a las bondades que prodigaban, así como para contener la ira de éstos en caso de calamidades. Esta escultura monolítica, cerrada en sí misma, representa un corazón humano cuyas cavidades se simulan mediante una hendidura en la parte superior, que se continúa hacia abajo y hacia los lados hasta cubrir poco menos de la mitad de la superficie semejando un rostro fantástico. Un fino trazado de líneas ondulantes semeja chorros de sangre, o quizá restos de las venas y arterias que quedan adheridas a la víscera en el momento de su desprendimiento. Los corazones eran depositados en los recipientes llamados *cuauhxicalli.* LC

dos *chalchihuites* relacionadas con el agua. Procede de la zona de Mixcoac, en la Ciudad de México, y en la época de la Conquista fue utilizado como pila de agua bendita pues sus imágenes, entendidas como simple decoración floral, no impidieron su dedicación al servicio del culto cristiano. LC

CORAZÓN
Mexica. Postclásico tardío
Piedra verde
24 × 20.2 × 11 cm
MNA, INAH, México, D.F.
[10-392930]
Cat. 47

El corazón representaba el elemento vital para la creación del universo. Era el motor de las ideas y de los sentimientos. Llamado *yólotl,* el corazón trascendió su condición física para convertirse en símbolo del alma. Por ello, la motivación

48

MAQUETAS

Mexica. Postclásico tardío
Cerámica
32.2 × 15.8 × 18.8 cm
MNA, INAH, México, D.F.
[10-223673]
Cat. 48

Mexica. Postclásico tardío
Cerámica
53.6 × 25.4 × 21.3 cm
MNA, INAH, México, D.F.
[10-136916]
Cat. 49

Mexica. Postclásico tardío
Cerámica
32.5 × 21.4 × 15.7 cm
MNA, INAH, México, D.F.
[11-4918]
Cat. 50

Mexica. Postclásico tardío
Cerámica
39.5 × 23 cm
Museo Regional de Puebla, INAH
[10-6914]
Cat. 51

Mexica. Postclásico tardío
Cerámica
28 × 14.5 cm
Museo Regional de Puebla, INAH
[10-496416]
Cat. 52

La construcción de templos es inherente a la necesidad de efectuar los ritos en determinados espacios. Otra de las características que unifican culturalmente a Mesoamérica, es precisamente la edificación de pirámides escalonadas y truncadas, en cuya parte superior se instalaba el templo dedicado a determinada deidad. En ocasiones éstos eran dobles, como el caso del Templo Mayor de Tenochtitlan, ya que en él se veneraban dos importantes deidades: Tláloc y Huitzilopochtli. Otra

49

50

construcción característica es aquella de planta circular o con el techo cónico que se dedicaba al dios del viento, Ehécatl-Quetzalcóatl, para permitir que el viento pudiera circular; o la edificación de altares de cráneos llamados *tzompantli*, en los que se ensartaban las cabezas de los decapitados en ciertos ritos; o la erección de canchas de Juego de Pelota para representar ritualmente la lucha cósmica entre el día y la noche. Las características formales de cada edificación respondían a las necesidades del culto, a los requerimientos de cada ritual.

La costumbre de representar ciertos templos en miniatura, ha ayudado a reconstruir en gran parte algunas de las características de la arquitectura mesoamericana. Tal es el caso de las cinco maquetas de cerámica que mostramos. En ellas se aprecian las constantes formales de las construcciones aztecas; es decir, la escalinata frontal, ya sea doble o sencilla; las alfardas a los lados de éstas y que rematan en forma de cubo en la parte superior del edificio —que puede tener varios cuerpos— y el templo en la cumbre de la pirámide.

La figura 48 es de un realismo

impactante; en ella se aprecian detalles, además de los descritos, como son los vanos y el dintel de la puerta de acceso al interior del templo; la decoración de cráneos en el cuerpo superior y el remate de almenas en forma de cortes de caracol decorando el techo. A la entrada del recinto, recibe la piedra de sacrificios. Por la decoración, es factible que sea la representación de un templo dedicado a Huitzilopochtli. La figura 49 es una construcción de techo cónico, por lo que posiblemente esté asociada al culto a Quetzalcóatl; no pudiendo identificar la

dedicación del templo de la figura 50, pero que muestra las características arquitectónicas ya descritas y que son comunes a las construcciones aztecas.

Otro grupo de maquetas de origen mexica y que pertenecen a la colección del Museo Regional de Puebla son de una exquisitez extraordinaria por el tratamiento plástico de los detalles. En ambas se conservan las características arquitectónicas descritas en las otras tres piezas; con la salvedad de que éstas muestran un par de columnas, cuyo fuste decorado sostiene el dintel de acceso al

templo en la parte superior de la pirámide propiamente dicha. Altos techos almenados rematan ambas construcciones; el templo grande muestra restos de pigmento en su mayoría rojo, mientras en la pequeña predomina el azul. La delicada decoración polícroma que aún se conserva en ellas merece ser estudiada detenidamente, con el fin de determinar la vocación de cada una.

La función de estas maquetas no es del todo clara; quizá son simplemente la representación de templos de especial reverencia y fervor. LC

51-52

53

54

BRASERO
Mexica. Postclásico tardío
Cerámica
45 × 43.5 cm
MNA, INAH, México, D.F.
[10-223665]
Cat. 53

En los centros ceremoniales, los braseros
o incensarios ocupaban un lugar
preponderante en el desarrollo de los ritos.
El *copalli* o copal era una resina o goma
blanca de árbol que empleaban a modo
de incienso en las ceremonias religiosas.
También era utilizado como sahumerio
por las personas distinguidas, en la
intimidad de los patios de las casas. El
brasero ritual que mostramos proviene

de la Ciudad de México. En el recinto
del Templo Mayor de Tenochtitlan,
aparecieron varias representaciones de
braseros cuya única decoración es un
gran moño; a diferencia de los que se
encontraron del lado norte dedicados a
Tláloc y que muestran claramente la efigie
de ese dios. A partir de la idea de que
Huitzilopochtli no se representaba y
siendo el moño uno de sus atributos
principales, se deduce que esta pieza se
asociaba a los ritos dedicados al dios del
Sol y de la guerra. Este brasero que
guarda gran parte de su policromía,
muestra un gran moño en la parte central.
El brasero tiene en su parte superior
esferas colocadas en sucesión de unas
a otras, semejando un gran collar.
LC

LÁPIDA DEL AUTOSACRIFICIO
Mexica. Postclásico tardío
Piedra (basalto)
59.5 × 41.5 × 29.5 cm
MNA, INAH, México, D.F.
[10-116583]
Cat. 54

Según cuenta el mito del nacimiento del
Quinto Sol en Teotihuacan, los dioses se
juntaron para crear el Sol y la Luna. Entre
ellos, dos candidatos estaban presentes:
uno, Tecuciztécatl, quien era rico, y el
otro, Nanahuatzin, que era pobre y
buboso. Ambos se autosacrificaron como
penitencia previa a su inmolación en la
hoguera sagrada. Tecuciztécatl ofrece
punzones de coral y Nanahuatzin espinas

de maguey, como correspondía a su clase. En el momento en que Tecuciztécatl debía arrojarse al fuego, como el elegido para ser Sol, el miedo lo invade y retrocede. Entonces Nanahuatzin, el pobre buboso, el verdadero predestinado, se lanza lleno de valor a cumplir su misión de morir para dar vida al Sol. Tecuciztécatl avergonzado se arroja también, pero como el fuego ya estaba a punto de extinguirse, renació color blanco cenizo, por lo que se convirtió en la Luna. El mito brevemente narrado nos ayuda a comprender que en el México prehispánico, el autosacrificio significaba retribuir, con la propia sangre, el sufrimiento que los dioses ofrecieron en los orígenes.

Este relieve azteca muestra a una divinidad que lleva a cabo la ceremonia del autosacrificio. Se encuentra sentado con las piernas cruzadas sobre un pequeño trono. Luce sobre su cabeza un elaborado tocado de plumas, con atados y diversos aderezos. Sus manos están adornadas con muñequeras y los tobillos portan ajorcas. Sus pies calzan los típicos *cactli*. Un gran pectoral luce sobre su pecho. Con una de sus manos sostiene un punzón de hueso para autosacrificarse. Como fondo, una serie de elementos que semejan corazones apoyan la escena. Finalmente, una fecha calendárica *Matlactli-Tochtli* —o 10-Conejo— preside el acto. Hay que apreciar la maestría escultórica que representa el trabajar con planos tan bien definidos, lo que le da al relieve un sentido de movimiento y profundidad difícil de lograr en este tipo de obras. LC

ZACATAPAYOLI
Mexica. Postclásico tardío
Piedra (basalto)
16.5 × 20.5 cm
MNA, INAH, México, D.F.
[10-81597]
Cat. 55

El *zacatapayoli* consistía en una bola de heno que se utilizaba para ensartar en ella las espinas o punzones de autosacrificio.

La pieza que mostramos es una representación en piedra de este elemento ritual. Consiste en media esfera de irregular forma hecha en piedra basáltica. La superficie se encuentra esgrafiada con base en líneas paralelas, que por secciones se entrecruzan semejando una bola de hilo. Una fina trenza remata en la base de la escultura. Este tipo de objetos ceremoniales los vemos representados en algunos códices y en relieves cuyo simbolismo se asocia al autosacrificio. LC

55

PUNZONES PARA AUTOSACRIFICIO

Mexica. Postclásico tardío
Hueso de águila
24.5 × 4.1 × 1.5 cm
Museo del Templo Mayor, INAH,
México, D.F.
[10-264530]
Cat. 56

Mexica. Postclásico tardío
Hueso de mantarraya
14.7 × 0.8 × 0.5 cm
Museo del Templo Mayor, INAH,
México, D.F.
[10-264986]
Cat. 57

Mexica. Postclásico tardío
Hueso de águila
20.2 × 2.4 × 0.8 cm
Museo del Templo Mayor, INAH,
México, D.F.
[10-252533]
Cat. 58

El autosacrificio se realizaba perforando con objetos puntiagudos diversas partes del cuerpo, como pueden ser los lóbulos de las orejas, la lengua, las pantorrillas, los brazos y los órganos genitales. En los códices que se conservan en la actualidad, la profusión de dioses celebrando el autosacrificio hace pensar que era una práctica muy común pues si ellos lo hacían, con más razón el hombre que tiene que retribuir el sacrificio de dios. Esta práctica se efectuaba con gran solemnidad, pero como un acto individual, íntimo y de comunicación divina. Su costumbre era generalizada a toda la población y los instrumentos de autosacrificio, así como el material con que estaban elaborados, variaban de acuerdo con el rango social del individuo que lo llevaba a cabo. El humilde *macehualli* empleaba púas de maguey; al igual que Nanahuatzin, aquel buboso que se arrojó a la hoguera en Teotihuacan para convertirse en Sol. Los objetos hechos de hueso estaban destinados para uso exclusivo de la alta jerarquía civil, militar y sacerdotal. Una vez celebrado el autosacrificio, las espinas de maguey o los punzones ensangrentados eran ensartados en el *zacatapoyoli*, para ser depositados como ofrendas ante la deidad a la que se dedicaba tal acción.

Estos instrumentos proceden de diversas ofrendas excavadas en el recinto del Templo Mayor: un punzón de hueso de águila, localizado en la Cámara III, al norte de la plataforma de la etapa constructiva IV, data del año 1454.

Otro punzón de hueso de águila, localizado en la ofrenda 70, lado oeste del acceso principal (Templo de Huitzilopochtli) de la etapa constructiva VI, está fechado hacia 1500. El punzón de mantarraya, ofrenda C. perteneciente a la etapa constructiva VII del patio norte del recinto y data del año 1519. LC

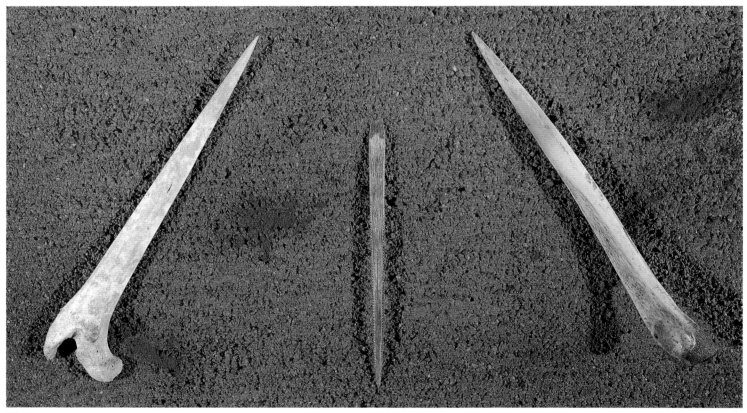

56-58

59

TEPETLACALLI

Mexica. Postclásico tardío
Piedra (andesita)
59 × 61 × 61 cm
MNA, INAH, México, D.F.
[10-357224]
Cat. 59

Existe otro tipo de recipientes, diferentes
de los *cuauhxicalli,* de forma cuadrada,
generalmente con tapa, aunque en muchas
ocasiones ésta se ha perdido. Se trata de
los *tepetlacalli.* Al parecer su función es
distinta a los recipientes para guardar los
corazones de los sacrificados, cuyas
características formales hemos descrito en
términos generales. Mucho se ha
especulado sobre la función de los
tepetlacalli; quizá tuvieron un carácter
funerario o fueron contenedores de
elementos destinados al autosacrificio,
como son los punzones.

El caso que nos ocupa es un prisma
cuadrangular. Está dedicado al planeta
Venus que, como veremos más adelante,
es una de las advocaciones del dios
Quetzalcóatl. En cada una de sus caras y
ocupando las dos terceras partes de cada
área, se encuentra un emblema del
planeta, rodeado de cuchillos de sacrificio.
En la tercera parte restante, ubicada en la

parte superior, una doble cenefa de puntos
remata la caja. Ambos motivos, el
emblema de Venus y los puntos, se
encuentran divididos por un marco que
es doble en la parte superior. El jeroglífico
de Venus está compuesto por un elemento
trilobulado, es decir formado por tres
partes salientes a manera de ondas.
Semeja en su forma a la estilización de un
corte de caracol, que igualmente es
atributo de Quetzalcóatl. En el *tepetlacalli*
al que nos referimos, el emblema contiene
dos círculos a manera de ojos estelares. LC

TEPONAXTLI

Mexica. Postclásico tardío
Madera
23 × 63.7 × 22.3 cm
MNA, INAH, México, D.F.
[10-222373]
Cat. 60

La música resultó ser elemento primordial
y protagonista indispensable para la
celebración de ritos y ceremonias. El gran
sentido musical de los pueblos
prehispánicos fue puesto al servicio de la
danza y la poesía. Los ritos, no exentos de
cierta escenografía y teatralidad —en la
forma, no en el contenido— resultaban
impactantes para la población que asistía a
ellos. Así, flautas, sonajas y tambores
servían de fondo al gran acto ritual. Los
instrumentos de percusión característicos
de nuestras culturas prehispánicas son
muchos y muy variados, destacando
básicamente dos: el *teponaxtli*
y el *huéhuetl.*

El *teponaxtli* es un tambor hueco,
hecho de madera, con dos lengüetas de
diferente grosor y longitud, por lo que
cada una produce un sonido diferente,
pudiéndose tocar simultáneamente como
las voces de madera de la marimba. Se
percutía con un par de palillos cuya punta

60

61

resultaba armoniosa. A diferencia del *huéhuetl,* el *tlapanhuéhuetl* era mayor en dimensiones y por lo tanto su sonido resultaba más grave y potente Se tocaba con las palmas y los dedos de las manos, para explotar mejor todos sus sonidos y efectos, mas no con baquetas como se toca en la actualidad. El *panhuéhuetl* al que nos referimos está hecho de una sola pieza y tenía en la parte superior un parche de piel animal, que ya no se conserva, y unas oquedades en la base de diseño característico, por donde salía el sonido amplificado. Los rituales resultaban mucho más misteriosos y dramáticos cuanto más se recurriera a los golpes rítmicos, secos y vigorosos de los tambores.

Es muy difícil que este tipo de piezas en madera sobrevivan a las inclemencias de la humedad y al yugo del tiempo. La tierra que cobijó esta obra de arte fue piadosa. En ella podemos aún observar con su fino y delicado relieve una enorme águila con las alas extendidas y que con su pico curvo detiene el símbolo *Atl-Tlachinolli,* es decir "Agua Quemada", símbolo de la guerra. Comparte la escena con un buitre, relacionado con la muerte. Una cenefa de ondas entrecruzadas sirve como separación a la parte inferior, donde hay representaciones de símbolos solares. LC

estaba cubierta de hule. El sonido es muy penetrante y con un timbre muy característico. El ejemplar que mostramos es la representación de un felino estilizado, con las fauces semi-abiertas, lo que permite entrever sus fuertes colmillos. Todas las formas se encuentran constreñidas en el bloque de madera, lo que constituye una constante en la escultórica azteca. LC

TLAPANHUÉHUETL
Mexica. Postclásico tardío
Madera
84 × 50 cm
MNA, INAH, México, D.F.
[10-2421]
Cat. 61

Una de las obras maestras del arte azteca es este enorme tambor vertical llamado *tlapanhuéhuetl.* Este tipo de instrumentos eran representados en los códices junto al *teponaxtli,* lo cual significa que la combinación de ambos sonidos y timbres

LÁPIDA DE PALENQUE
Maya. Clásico
Piedra caliza
40.5 × 26.5 × 7 cm
MNA, INAH, México, D.F.
[10-224213]
Cat. 62*

Lápida con inscripciones glíficas
encontrada en Palenque el siglo pasado
por Dupaix. Es importante constatar cómo
los diversos pueblos mesoamericanos
tenían su propia manera de representar
fechas y numerales y cómo éstas quedaron
plasmadas en piedra, en pintura o en
cerámica. El maya convirtió algunas de
estas representaciones en verdaderas obras
de arte, de las que nos han quedado
magníficos ejemplos. No hay que olvidar
que en Palenque, ciudad de donde
proviene esta lápida, el escultor maya
logró un peculiar estilo en donde el
trabajo de estuco y la escultura en piedra
destacó de manera notable. Recordemos
el caso de la lápida que cubre la tumba
del gobernante Pacal en donde se logró
darle vida a la piedra en el recinto de la
muerte. EMM

63

VASO MAYA CON NUMERALES
Maya. Clásico tardío
Cerámica
14.5 × ø 16 cm
MNA, INAH, México, D.F.
[10-78632]
Cat. 63

Recipiente de cerámica en el que vemos
dos bandas diagonales sobre el cuerpo de
la pieza con cinco glifos cada una. Ya
hemos hecho mención de la importancia
que tuvieron entre los pueblos
mesoamericanos el conocer y desarrollar
un sistema glífico que les permitía
plasmar fechas, números, días, meses,
años, nombres y acontecimientos
relevantes que de esta manera quedaron
grabados o pintados en muros, esculturas
y cerámicas. Actualmente mucho se ha
avanzado en la comprensión de la
escritura maya, lo que unido a los
estudios de arqueólogos, historiadores
y otros especialistas nos permite
acercarnos cada vez más al conocimiento
de este pueblo. EMM

LÁPIDA OLLIN-TÉPATL
Mexica. Postclásico tardío
Piedra
100 × 49 × 26 cm
Museo de Sta. Cecilia Acatitlán, INAH,
Edo. de México [S/N]
Cat. 64

Piedra grabada con dos glifos: el numeral "8-*Técpatl*" por cuchillo de pedernal y el símbolo *Ollin* que significa movimiento. Esta pieza bien pudo servir como elemento arquitectónico (¿dintel?) dadas sus características. Resulta importante resaltar cómo los mexicas, al igual que los demás pueblos mesoamericanos, utilizaron diversos glifos para señalar acontecimientos memorables que así quedaban registrados de manera perdurable. El cuchillo de pedernal era en sí una deidad y se le menciona en mitos importantes. Por su parte, el símbolo "movimiento" guardaba profundos significados y no hay que olvidar que el *Nahui Ollin* o 4-Movimiento se relacionaba con el Quinto Sol o Edad del hombre nahua que había surgido en Teotihuacan por la acción y muerte de los dioses. EMM

ALTAR DE LOS 4 SOLES
Mexica. Postclásico tardío
Piedra (andesita)
60 × 63 × 59 cm
MNA, México [S/N]
Cat. 65

Cuatro fueron los Soles o Edades por las que pasó la humanidad para, finalmente, crear al hombre. La "Leyenda de los Soles", manuscrito en lengua náhuatl escrito en 1558, nos relata cómo el primer Sol fue el "4-Tigre" y quienes lo habitaron fueron devorados por tigres (ocelotes); vino después el "4-Viento" y los seres se convirtieron en monos, siendo arrasadas sus casas y destruidos por el viento. Siguió el Sol "4-Lluvia" y llovió fuego, con lo que aparecieron convirtiéndose en pavos; el cuarto Sol fue "4-Agua" y todo fue inundado, transformándose en peces. En esta caja tenemos compendiado uno de los mitos más importantes de los nahuas, ya que en cada lado de la pieza aparece uno de los Soles mencionados. Es importante agregar que la alternancia en la lucha de los dioses es lo que va a provocar la destrucción y surgimiento de un nuevo Sol. Todos estos Soles preceden al Quinto Sol, que surgirá en Teotihuacan gracias al sacrificio de los dioses. EMM

64

65

66

XIUHMOLPILLI 2-CAÑA
Mexica. Postclásico tardío
Piedra (basalto)
61 × 26 cm
MNA, INAH, México, D.F.
[10-220917]
Cat. 66

NUMERAL 3-PEDERNAL
Mexica. Postclásico tardío
Piedra (basalto)
50 × 40 cm (aprox.)
MNA, INAH, México, D.F.
[10-46541]
Cat. 67

Atado de años conocido como *Xiuhmolpilli,* el cual se hacía con 52 cañas atadas por cuerdas. En esta pieza podemos observar la doble cuerda con que están sujetas las cañas que simbolizan el ciclo de 52 años que formaba el siglo nahua. Por lo general estas representaciones están acompañadas de algún glifo, en este caso se trata del "2-Caña" que vemos al frente de la misma. Se han encontrado altares de piedra decorados con cráneos y huesos cruzados dentro de los cuales se depositaban estos atados, por lo que se les consideraba "la tumba del tiempo". Al final de cada ciclo de 52 años *(Xiuhmolpilli)* se celebraba la ceremonia del encendido del fuego nuevo en el cerro de la Estrella en Iztapalapa, lo que era esperado angustiosamente por las personas para ver si el Sol volvería a surgir para seguir alumbrando por otro ciclo. Varios son los ejemplos que se han encontrado de esculturas con este contenido y que simbolizan el tiempo cumplido. EMM

Numeral "3-*Técpatl*" o cuchillo de sacrificios junto al cual vemos el "12-*Cuetzpallin*" o Lagartija. El cuchillo de pedernal que servía para los rituales de sacrificio tuvo un significado múltiple entre los mexicas. Por un lado se relaciona con el rumbo norte del universo, el lugar del frío y de la muerte; por otro, era en sí una deidad específica como lo vemos en el *Códice Borbónico.* Se le relaciona con varios mitos y se ha encontrado sacralizado con ojos y dientes en diversas ofrendas del Templo Mayor de Tenochtitlan. Como uno de los días del *Tonalámatl* o cuenta de los días, ocupa el lugar 18. Es uno de los años portadores y también lo encontramos entre las fauces de deidades como Tlaltecuhtli, Señor de la tierra. Como podemos apreciar, su importancia fue fundamental entre los nahuas del centro de México.

En el caso de la lápida que nos ocupa, ésta puede interpretarse como el año "3-*Técpatl*" y el día "12-Lagartija". EMM

67

68

69

70

NUMERAL 1-ÁGUILA
Mexica. Postclásico tardío
Piedra (basalto)
23.8 × 25 × 8.3 cm
MNA, INAH, México, D.F.
[10-223606]
Cat. 68

FLOR DE CUATRO PÉTALOS
Mexica. Postclásico tardío
Piedra (basalto)
18.5 × 24.2 × 13.3 cm
MNA, INAH, México, D.F.
[10-222122]
Cat. 69

NUMERAL 3-CAÑA
Mexica. Postclásico tardío
Piedra (basalto)
80 × 80 × 58 cm
MNA, INAH, México, D.F.
[10-392925]
Cat. 70

Bloque que representa el numeral "1-*Cuauhtli*" o 1-Águila. El calendario mesoamericano en general y nahua en particular tenía dos series: el del año solar o *xihuitl* de 360 días más cinco días nefastos y el *tonalpohualli* de 260 días que era la cuenta de los días y los destinos formado por 18 meses de 20 días y cada uno de estos días tenía el nombre de un ave, animal o cosa. El orden de los días era el siguiente: Cipactli (Cocodrilo), Echécatl (Viento), Calli (Casa), Cuetzpallin (Lagartija), Coatl (Serpiente), Miquiztli (Muerte), Mazatl (Venado), Tochtli (Conejo), Atl (Agua), Itzcuintli (Perro), Ozomatli (Mono), Malinalli (Yerba), Ácatl (Caña), Océlotl (Jaguar), Cuauhtli (Águila), Cozcaquauhtli (Zopilote), Ollin (Movimiento), Técpatl Cuchillo de pedernal), Quiáhuitl (Lluvia), Xóchitl (Flor). EMM

Escultura que muestra una flor de cuatro pétalos con un *chalchihuite* o piedra verde al centro, que significan los cuatro rumbos del universo. Desde épocas muy tempranas vemos cómo la flor de cuatro pétalos se relaciona con los rumbos universales cada uno regido por un dios, un color, un árbol y un glifo, como es el caso de Teotihuacan, en donde se han encontrado ejemplos de flores con este contenido. El número cuatro era importante en relación al tiempo, pues cuatro fueron los Soles o edades que transcurrieron antes del Quinto Sol o edad en que el hombre es creado por el poder de los dioses. Cuatro eran también los rumbos del universo ya mencionados. EMM

Lápida con la fecha calendárica "3-*Ácatl*" o Caña. Posiblemente conmemora la conquista de Zapotlan, Oaxaca, en el año 1495. Muchas lápidas con numerales se han encontrado en la antigua Tenochtitlan para conmemorar algún acontecimiento importante. En el Templo Mayor se han podido localizar, en la parte posterior del lado de Huitzilopochtli, bloques empotrados en los muros con glifos que posiblemente correspondan a las fechas de ampliaciones de las diversas etapas constructivas del mismo. Algunas de estas lápidas fueron elaboradas en piedras verdes y con gran calidad artística. Lo importante de destacar es la manera en que los pueblos prehispánicos llevaban la cuenta de algunos acontecimientos que consideraban sobresalientes y dignos de perpetuarse en el tiempo. EMM

71

COYOTE EMPLUMADO
Mexica. Postclásico tardío
Piedra
55 × 25 × 31 cm
MNA, INAH, México, D.F.
[10-81677]
Cat. 71

Coyote emplumado en posición sentada que lleva en el pecho el glifo "2-Caña". Aunque le falta una oreja, el animal es buen ejemplo de la calidad y realismo logrado por los escultores mexicas. Es importante observar cómo en las expresiones glíficas hay todo un lenguaje relacionado con el tiempo, con acontecimientos importantes míticos y de otro tipo, como serían eventos guerreros, inauguración de una nueva construcción, ascenso de algún gobernante y otros. EMM

72

PERSONAJE DE LAS TRES CARAS
Indefinido (posiblemente teotihuacana).
Clásico
Cerámica
18 × 23 × 12
UNAM, MUCA, Donación Ricardo
Hecht, México, D.F.
[08-741814]
Cat. 73

Si alguien hubiese querido representar el tiempo de una manera clara con su devenir y con toda su carga de trascendencia, la mejor manera hubiera sido como lo concibió el artista prehispánico que realizó este triple rostro en donde queda plasmado el paso de la vida misma. En efecto, vemos en el centro el rostro del hombre joven, pleno de vitalidad, en tanto que a ambos lados apreciamos las dos mitades que conforman el rostro del hombre viejo con sus arrugas. La muerte se expresa en otras dos mitades que, en la parte más externa de la pieza, muestra la faz del hombre muerto con los ojos cerrados. Es el tiempo del paso del hombre por la Tierra, el tiempo que se inicia desde el momento en que los dioses deciden enviarlo hasta el instante en que los mismos hacedores lo llevan, a través del género de muerte, a cualquiera de los lugares que le está deparado al individuo. Más que al personaje de las tres caras, a esta pieza debería llamársele el personaje del tiempo. EMM

LÁPIDA CON GLIFO DEL AÑO MIXTECO
Mixteca. Postclásico
Piedra
34.5 × 22 × 10.3 cm
Fundación Amparo/ Museo Amparo,
Puebla, Pue.
[5222 MA FA 57PJ 1453]
Cat. 72

Lápida en piedra caliza realizada en relieve que representa probablemente un sacerdote que luce un vistoso tocado conformado por el símbolo del año solar (un trapecio con el rayo solar), con sus manos sostiene un elemento glífico utilizado en una ceremonia relacionada con la medición del tiempo. EMM

73

74

LA DUALIDAD
VIDA-MUERTE

CABEZA DE SOYALTEPEC
Zapoteca. Clásico tardío
Cerámica
37.7 × 32.8 cm
MNA, INAH, México, D.F.
[10-3244]
Cat. 74

Cabeza procedente de Soyaltepec, Oaxaca, en la que vemos simbolizada la dualidad vida-muerte. La mitad del rostro muestra la piel que la recubre en tanto que la otra mitad está descarnada y se ven los huesos que la componen. Formaba parte de una escultura antropomorfa y además de su profundo significado relacionado con la vida y la muerte y la concepción dual del universo, destaca la calidad de la misma en la que el hombre prehispánico supo plasmar uno de los conceptos de mayor trascendencia del mundo prehispánico. La cabeza de la figura está adornada con un tocado que le da un aspecto especial. Aunque le falta el cuerpo, este rostro es ejemplo de la preocupación constante en el hombre de que vida y muerte son parte de un ciclo constante del que no puede escapar y del cual forma parte. EMM

COATLICUE DE COXCATLÁN

Mexica. Postclásico tardío
Piedra (riolita)
115 × 40 × 35 cm
MNA, INAH, México, D.F.
[10-8534]
Cat. 75

En esta escultura apreciamos a Coatlicue,
"la de la falda de serpientes", diosa
de la Tierra y madre de los dioses. El
rostro está descarnado y porta orejeras
circulares, destacando las incrustaciones
que lleva en las mejillas. Una
característica de algunas esculturas
aztecas es la de tener la cara o el cuerpo
semidescarnados como es el caso de esta
figura, ya que podemos observar los
pechos flácidos de la diosa y brazos
y piernas con carne, aunque en forma
de garras y con los brazos en la típica
posición de las *Cihuateteo* o mujeres
muertas en parto, o de las deidades
relacionadas con la muerte. Es evidente
la falda con serpientes entrecruzadas cuyo
borde inferior muestra los crótalos
y las cabezas del ofidio alternándose.
El cinturón o ceñidor lo forman dos
serpientes que hacen nudo al frente.
Tiene el glifo "8-*Malinalli*" o sea
8-Yerba.

Coatlicue aparece en algunos mitos
mexicas como madre de Huitzilopochtli,
de Coyolxauhqui y de los 400 *huitznahuas*.
Su hijo Huitzilopochtli, dios solar y de la
guerra, combate en contra de estos últimos
para defenderla en contra de sus hermanos,
ya que al quedar embarazada por un
plumón blanco en el cerro de Coatepec,
"cerro de la Serpiente", su hija
Coyolxauhqui y los *huitznahuas*, ambos
relacionados con los poderes nocturnos
(Luna y estrellas), deciden matarla por
aquel embarazo que consideran una
afrenta. El dios solar y de la guerra,
Huitzilopochtli, advierte a su madre
que va a defenderla y es así como
nace para el combate. El Templo
Mayor de Tenochtitlan, del lado de este
dios, simbolizaba el cerro de Coatepec,

de ahí la gran sacralidad que tenía como
lugar del triunfo diario del Sol en contra de
los poderes de la noche.

Esta escultura de Coatlicue se
encontró en Coxcatlán, Puebla, con
otra figura, por lo que es necesario
verlas juntas por el simbolismo que
encierran. EMM

75

84

76

DEIDAD SOLAR DE COXCATLÁN
Mexica. Postclásico tardío
Piedra
112 × 38 × 31 cm
MNA, INAH, México, D.F.
[10-9785]
Cat. 76

Representación de una deidad solar
encontrada en Coxcatlán, Puebla, junto
con la escultura de la diosa de la Tierra,

Coatlicue. Muestra a un personaje de pie
casi de las mismas dimensiones que las de
la diosa de la Tierra, en cuyos ojos se han
conservado los restos de concha de que
fueron hechos. En la nuca vemos el glifo
"4-*Cipactli*" o sea 4-Lagarto. Lleva
orejeras similares a las de Coatlicue y
destaca la posición de la mano derecha
que está empuñada con la oquedad para
colocar en ella algún elemento
posiblemente de madera, a manera de los
llamados portaestandartes. El braguero del

personaje está atado al frente formando un
nudo con dos colgantes que salen a los
lados y el taparrabos propiamente dicho,
que cuelga llegando más abajo de las
rodillas. En el pecho tiene una
incrustación a manera de corazón, el cual
lo observamos en muchas esculturas de
portaestandartes. La figura en general se
asienta sobre una base. Según algunos
autores puede también representar a
Xiuhtecuhtli, Señor del fuego y del
año. EMM

MÁSCARA VIDA-MUERTE
Tlatilco. Preclásico Medio
Cerámica
8.5 × 7.3 cm
MNA, INAH, México, D.F.
[10-2513]
Cat. 77

Pequeña máscara en barro con la representación de la dualidad vida-muerte. Fue encontrada en Tlatilco, Estado de México, y en ella podemos apreciar el concepto de dualidad tan importante desde etapas muy tempranas en Mesoamérica. Se manifiesta al estar descarnada la mitad del rostro, mostrando la cuenca del ojo vacío, el hueso malar y los dientes, en tanto que el otro lado tiene piel que vemos presente en la mitad de la nariz, los párpados, los labios e inclusive la lengua. La concepción de dualidad partía de la observación que el hombre tenía de los cambios de la naturaleza, en donde a lo largo del año había una temporada de secas en que todo moría y faltaba el agua y una temporada de lluvias en que las plantas volvían a renacer. Esto era importante para pueblos agrarios que dependían en buena medida de la agricultura, por lo que su relación con el calendario era sumamente importante. Esta máscara se encontró relacionada con otras piezas de cerámica como parte de los entierros que durante muchos años fueron excavados en Tlatilco, aldea agrícola cercana a la Ciudad de México. EMM

77

78

FIGURA FEMENINA CON DOS
CABEZAS
Tlatilco. Preclásico Medio
Cerámica
16 × 5.5 × 2.5 cm
MNA, INAH, México, D.F.
[10-77549]
Cat. 78

Figura humana femenina con dos cabezas.
Esta fue otra manera de simbolizar la
dualidad vida-muerte entre los pueblos del
Preclásico, en donde en diferentes culturas
podemos ver piezas similares a la
presente. No hay que olvidar que en este
momento la agricultura era una de las
formas de subsistencia económica y que
por lo tanto la tierra y el agua cobraban
una importancia fundamental para las
aldeas que dependían de lo anterior. El

concepto de dualidad fue parte central del
pensamiento de estos pueblos que
observaban en la naturaleza el cambio
cíclico de estaciones en donde la vida y la
muerte estaban presentes. No dudaríamos
en considerar a la dualidad como el
concepto rector de la cosmovisión de las
culturas mesoamericanas y de donde
partían no pocos mitos, rituales y la
estructura del orden universal.
EMM

79

FIGURA FEMENINA CON DOS
CARAS
Tlatilco. Preclásico Medio
Cerámica
11 × 6.2 × 1.8 cm
MNA, INAH, México, D.F.
[10-2059]
Cat. 79

A diferencia de la figura anterior formada
por dos cabezas en las que cada una
presenta sus rasgos como ojos, bocas, etc.,
esta pieza muestra dos caras en las que
un ojo central sirve tanto para un lado
como para otro de las dos caras, es decir,
que tiene tres ojos. Se trata de una figura
femenina desnuda en donde el sexo se
nota claramente y los muslos están
abultados, típico de las figurillas de
esta época que se han asociado con
la fertilidad. La técnica con que está
elaborada es la conocida como pastillaje,
en la que se agregan pedacitos de barro
para formar los ojos, boca y otros
elementos como los adornos que forman
el tocado.

Lo interesante de estas figurillas es
que desde temprana época las culturas
agrarias aldeanas advirtieron los cambios
de la naturaleza y los plasmaron a
través del barro de una manera evidente.
El hombre y los dioses llevan en sí esa
dualidad tan significativa en el mundo
prehispánico. EMM

80

FIGURA CON DOS CABEZAS
Occidente de México. Preclásico
Cerámica
7.7 × 3.4 × 1.3 cm
MNA, INAH, México, D.F.
[10-2057]
Cat. 80

Figura de barro en la que vemos, una vez más, la presencia de la dualidad remarcada en un cuerpo humano con dos cabezas. Es interesante constatar que en el Preclásico de varias regiones se dio este tipo de representación en que la vida y la muerte están presentes como unidad cíclica en que una sigue a la otra, tal como ocurre en la temporada de secas y lluvia.

Como puede apreciarse, la concepción de un pueblo agrario obviamente va a estar relacionada con todo aquello de lo que depende su propio desarrollo y subsistencia, como es el caso de la agricultura. Agua y tierra van a ser deificadas y de la muerte nacerá la vida como una constante presente en la naturaleza. EMM

90

EL HOMBRE FRENTE A LA NATURALEZA MÍTICA

DIOSES INDÍGENAS DE LA FERTILIDAD

A más de 500 años de distancia, cuando nos acercamos a la fascinante y compleja religión que integraron por varios milenios los pueblos que habitaron el México antiguo, lo hacemos con el convencimiento de que al no poseer un texto único y oficial que resumiera y explicara cada una de las partes que la integran, debemos entonces realizar el mismo ejercicio que han hecho otros autores que nos antecedieron: estudiar detenidamente el rico conjunto de objetos de la vida material y ritual de aquellos tiempos que han sobrevivido hasta nuestros días que nos brindan la más prístina información —que junto con los textos etnohistóricos recogidos después de la conquista europea—, nos permite reconstruir aunque sea parcialmente el mundo de los dioses de aquellos tiempos.

Toca a nosotros presentar al conjunto de deidades que propiciaba la fertilidad y el renacimiento de la vida; en este sentido como primera premisa debemos insistir en que uno de los preceptos que dominaban a la mente indígena, era el hecho de que la mayoría del territorio mesoamericano se rige por dos estaciones en el año, la época de las secas y la de las aguas, esta división bipartita anual coincide absolutamente con las concepciones de dualidad que se aprecian tanto en los textos como en las imágenes del mundo indígena: lo masculino y lo femenino encontrados; la vida y la muerte, el calor y el frío; el día y la noche; en síntesis, la sequedad y la humedad.

Para que la lluvia y la humedad ejerzan su acción fertilizadora que impulse el crecimiento de la vegetación, el surgimiento de flores y frutos que finalmente conlleve a la abundancia de animales y al simultáneo desenvolvimiento de la vida humana, debe existir necesariamente un elemento base, eterno y universal que sin lugar a dudas es la tierra, Tlaltícpatl, la superficie terrestre, donde habita el hombre definido como el plano de vida situado casi a la mitad dentro del esquema de las regiones superiores e inferiores; eje central donde los hombres rodeados de los seres vivos realizan sus actividades domésticas y rituales; así como es ahí

◀ Catálogo 100. Detalle.

donde observan y visualizan los fenómenos de la naturaleza y participan de la acción de los dioses.

Remontándonos al tiempo de los indios, especialmente aquellos que habitaron los valles centrales de México hacia los siglos XV y XVI de nuestra era, nos encontramos con un precioso relato que con gran fuerza en su descripción nos explica cómo el mundo y la tierra en particular fueron creados por la acción de los dioses:

"La tierra fue creada de esta suerte:
Dos dioses, Quetzalcóatl y Tezcatlipoca
bajaron del cielo a la diosa Tlaltecuhtli,
la cual estaba llena por todas las coyunturas
de ojos y de bocas, con las que mordía
como bestia salvaje. Y antes de que fuese bajada,
había ya agua, que no saben quién la creó,
sobre la que esta diosa caminaba.
Lo que viendo los dioses dijeron el uno al otro:
'es menester hacer la tierra'.

"Y esto diciendo, se cambiaron ambos en dos
grandes sierpes, de las que el uno asió a la
diosa de junto a la mano derecha hasta el
pie izquierdo, y el otro de la mano izquierda
al pie derecho. Y la apretaron tanto, que la
hicieron partir por la mitad, y del medio de las
espaldas hicieron la tierra y la otra mitad
la subieron al cielo, de lo cual los otros
dioses quedaron muy corridos.

"Luego, hecho esto, para compensar a la
dicha diosa de los daños que estos dos
dioses le habían hecho, todos los dioses
descendieron a consolarla y ordenaron que
de ella saliese todo el fruto necesario
para la vida del hombre. Y para hacerlo,
hicieron de sus cabellos, árboles y flores
y hierbas; y de su piel la hierba muy menuda
y florecillas; de los ojos pozos y fuentes
y pequeñas cuevas; de la boca, ríos y cavernas
grandes; de la nariz, valles y montañas.

"Esta diosa lloraba algunas veces por la
noche, deseando comer corazones de hombres
y no se quería callar, en tanto que
no se le daban, ni quería dar fruto si no
era regada con sangre de hombre."

(Thevet, 1973: 10.)

En este mito lo femenino y lo masculino se integran a la tierra como elementos dinámicos, contradictorios y complementarios. Así mismo, al identificarla como una diosa y al dar su nombre que se traduce literalmente como el Señor de la Tierra, nos acerca aún más a que la tierra misma es una metáfora en donde se confunden lo femenino y lo masculino con la acción creativa y destructiva, la tierra da de comer, la tierra todo lo destruye y acaba (Solís y González, 1989: 28-29).

Tláloc. *Códice Magliabecchi.*

Esta caracterización de la tierra en sus dos personificaciones, la femenina que permitía a la naturaleza la fecundación y regeneración de la vida y otra de carácter masculino que a su vez es la entrada al mundo de los muertos, el Mictlán, que se encarga de destruir todo lo que se deposita en ella (lo transforma primero en huesos y después en polvo), la vemos materializada en la Coatlicue Mayor, deslumbrante escultura en la que el espectador advierte el carácter femenino en la figura a través del torso de la mujer con los senos flácidos alusivos a la gran tarea de alimentar a hombres y dioses; la que con su decapitación y mutilación permite el fluir de la sangre, líquido precioso, que permitirá el renacimiento de la vida; en la base de esta escultura está el relieve de Tlaltecuhtli, la otra parte de la dualidad, el Señor de la Tierra, que semejando un batracio —por lo menos así es su posición, con un ornamento en la cara que evoca a Tláloc— lleva sobre sus espaldas a la tierra fecundadora (Solís, 1991: 137-138).

Este concepto de la tierra, semejante a un animal monstruoso, cubierto de púas, Cipactli, a manera de un gigantesco lagarto, así es la superficie terrestre, indudablemente es la explicación más poética para el vibrante paisaje tectónico que conforma el altiplano central mexicano, región donde debe haberse estructurado el mito. Así también la primigenia conformación orogénica cruza el territorio nacional flanqueando las costas del Pacífico y del Golfo y con sus montañas y volcanes se entreteje la carne viva de nuestra República. Si contemplamos desde una gran altura las altas tierras centrales, lo primero que destaca ante nuestros ojos son las cadenas montañosas que cruzan el terreno en diversas direcciones; los picos de las elevaciones son como las filosas púas del Cipactli. Esta es la metáfora que explica la vida misma: la naturaleza real no es más que la creación de los dioses, transformándose también así en una naturaleza mítica, donde año con año el hombre espera, promueve, suplica por la llegada de las lluvias, y de esta manera asegurar su sustento, el de sus hijos y la continuidad de la existencia (Solís, *op. cit.:* 24).

La información que nos brindan las fuentes etnohistóricas y arqueológicas del mundo mexica, es la más rica en torno a la vida ritual, al ceremonial, a la vibrante y colorida descripción de las fiestas en honor de los diversos dioses (Sahagún, 1956; *Ritos,* 1958; Sahagún, 1989), y así mismo, el corazón sagrado de Mexico-Tenochtitlan, ciudad capital de este pueblo, ha sido excavado sistemáticamente y es mediante los trabajos del Templo Mayor que conocemos mucho más de la vida ritual del universo indígena prehispánico.

Para la época final del desarrollo cultural en el altiplano central mexicano, dos deidades regían con su influencia y su poder el mundo del hombre mexica: Tláloc, la ancestral deidad de los agricultores, y Huitzilopochtli, el arribista dios tribal de la mi-

Chalchiuhtlicue. *Códice Borbónico.*

gración azteca, que en el papel de numen guerrero de carácter solar compartía elementos simbólicos con Huehuetéotl-Xiutecuhtli y Tezcatlipoca (Solís, 1991: 156-158).

Desde los lejanos tiempos de las primeras sociedades agrícolas organizadas, que los arqueólogos denominan Formativo o Preclásico Tardío, que se puede fechar hacia 300 a.C., aparentemente la personificación de Tláloc como patrono de la lluvia se hace presente. Se ha considerado que las imágenes más tempranas que tenemos de este numen consisten en vasijas en forma de ollas a las cuales se les modeló una figura que combina elementos humanos y fantásticos, con desproporcionadas bocas que presentan enormes dientes.

Pero será en los primeros tiempos de Teotihuacan cuando efectivamente tendremos recipientes con la máscara fantástica del dios y figurillas que lucen aros alrededor de los ojos. De hecho consideramos que es en el mundo clásico (100-900 d.C.), donde Tláloc se impone como la deidad tradicional de los agricultores; su iconografía adquiere una estandarización que se repetirá y manifestará por todo el territorio mesoamericano, no obstante que tomará diversos nombres, según las lenguas locales y así también adquirirá ciertos rasgos de identificación en cada una de las culturas.

Podemos identificar a la deidad por su máscara ritual que da la impresión de que el dios luce anteojos y bigotes, que en muchos casos no son más que estilizaciones de unas originales serpientes cuyas colas se ubican en la parte superior del rostro y conforman las cejas; los cuerpos de los reptiles se entrelazan formando la nariz; posteriormente el cuerpo de la serpiente, a cada lado del rostro, da una vuelta alrededor de los ojos —a manera de anillo o círculo—, para que finalmente las cabezas de ambos animales, en la sección de la boca de la máscara, se coloquen de perfil y frente a frente, de tal manera que los colmillos de ambas integran la boca monstruosa del dios (Caso, 1936: 25).

En el mundo maya se le nombraba Chac y se caracterizaba por su protuberante nariz; en la región oaxaqueña, los zapotecos lo conocían por Cocijo y los mixtecos le rendían homenaje con su nombre Tzahui, que iconográficamente era idéntico a Tláloc; en la costa del Golfo, los hablantes de totonaco llamaban Tajín a la poderosa deidad que representaba la fuerza y la violencia de las tempestades, hermanándose con huracán, personificación de la destrucción por agua en la región antillana (Nicholson, 1959: 163-164).

Thelma Sullivan considera que el verdadero significado de su nombre está relacionado con las voces o sonidos del interior de la tierra, por lo tanto Señor de las cavernas y las montañas. En los relatos indígenas se menciona que Tláloc guardaba el agua en los cerros y montañas; cuando llegaba el tiempo de la lluvia ordenaba a sus ayudantes los *tlaloques* que colectaran el líquido en ollas y jarras con su imagen presente y remontaran al firmamento, en donde a golpes con sus cetros o bastones —produciendo rayos y truenos— se rompían aquellas ollas, ocurriendo la lluvia.

En relación con la concepción del universo de un centro y sus cuatro direcciones, en la *Historia de los mexicanos por sus pinturas* se dice que Tláloc tenía también, según la imagen mítica, cuatro enormes recipientes con un agua diversa; la fértil, la que al llover permite el cimiento de las semillas; otra es la que hace que se pudran las plantas y los frutos, que se llenen de "telarañas", es decir que su exceso produce la putrefacción; la tercera produce las heladas de los campos y la cuarta es la falta de lluvia, la extrema sequía, la carencia de comida. Nuevamente, resalta aquí esta ambivalencia de acciones de las deidades mesoamericanas, de creación y destrucción (Caso, 1953: 59).

Tláloc, como suprema deidad de los agricultores, tiene también una función política: el ejercicio del poder que tenían los gobernantes indígenas en el altiplano central mexicano se renovaba anualmente en el extraordinario recinto sagrado que aún hoy existe en la cúspide del cerro que lleva su nombre, ubicado en la sierra nevada al oriente del valle de México; hasta allá iban los *tlatoanis* de la Triple Alianza y los gobernantes vasallos; en una rutilante ceremonia en la que estos señores participaban, el poder de producir la lluvia, la capacidad de fertilizar los campos, se entremezclaba con las actividades de gobierno y se transformaba entonces en una de las funciones principales de aquellos que regían los destinos de las ciudades indígenas.

La contraparte femenina del agua estaba personificada por Chalchiuhtlicue, "la de las faldas de jade", diosa que regía pozos, manantiales, los lagos y el mar, es decir toda el agua contenida, y así se le imaginaba como la patrona de los gigantescos recipientes donde el preciado líquido se depositaba en la superficie de la tierra; al igual que su compañero, ella propiciaba con su acción la irrigación de los campos y las actividades mediante las que se recolectaban plantas y animales acuáticos, vitales para el sustento; así también todos los objetos preciosos, procedentes fundamentalmente del mar: conchas, caracoles, corales, perlas, peces, etc., se obtenían bajo su patrocinio. Los animales asociados a estas deidades del agua son por supuesto todos aquellos que viven en el mundo acuático, además de serpientes y ranas.

Por curioso que parezca, para la época Postclásica, particularmente en el altiplano central, la ancestral y creadora deidad conocida como Quetzalcóatl —la serpiente preciosa o emplumada—, que decían había participado en la creación del Sol y habría dado también forma y aliento al hombre, era más popular en una de sus advocaciones que producía el viento y como tal se ligaba de inmediato con Tláloc, ya que pensaban que al soplar el viento y barrer los campos, era el preludio de la llegada de las lluvias (Nicholson, 1971: 416).

Se le nombraba Ehécatl-Quetzalcóatl, su rasgo peculiar y distintivo era la media máscara en forma de pico de ave fantástica que le cubría la parte inferior del rostro; según el pensamiento indígena, era el instrumento que permitía a la deidad producir el viento. De los animales que se asocian a Ehécatl-Quetzalcóatl, el más cercano es el mono, ya que su carácter es muy cambiante y temperamental, semejante al del viento: unas veces tranquilo y suave y otras veces enfurecido y violento, cuyos remolinos podrían destruir casas y sembradíos.

El que la tierra se cubriera de verdor, que los campos lucieran valores y frutos y que, al tiempo, también revolotearan alrededor de esta florida vegetación mariposas y pájaros e innumerables insectos más, se debía a la participación de varias deidades, que en orden de importancia realizaban su labor en relación directa con la tierra.

Ehécatl-Quetzalcóatl. *Códice Magliabecchi.*

95

El Sol, el agente activo y masculino por excelencia, lanzaba sus rayos fecundos que penetraban en la tierra, regada oportunamente por la lluvia, y ello daba el primer paso para la generación de vida, de ahí que Tonatiuh sea un numen básico en el proceso generativo de vida. Claro que como advertimos anteriormente, su participación deberá quedar inscrita para este propósito, al tiempo de la llegada de las aguas. Los rayos del Sol, a manera de cetros divinos —cuyo remate correspondería a la cola de la Xiuhcóatl—, simbolizaban el bastón plantador sagrado, una especie de coa, que con un carácter sexual penetraba en la tierra y hendía en ella el poder de la fertilidad.

Relacionado directamente con esta acción fertilizadora se encontraba Xipe-Tótec, una peculiar deidad, cuyo origen mismo no ha podido precisarse con seguridad, ya que según los propios mexicas procedía de las costas del océano Pacífico, "este dios era honrado de aquellos que vivían a la orilla de la mar, y su origen tuvo en Tzapotlan, pueblo de Xalixco" (Sahagún, 1989, I:55). Así también se decía que era la máxima deidad para el pueblo yopitzinca de la región del actual estado de Guerrero. Por su parte los arqueólogos consideran que, ya desde la época teotihuacana, hay imágenes de dioses enmascarados que preludian al numen; lo que es bien cierto es que en la región de la costa del Golfo, hacia el Clásico Tardío (600-900), hay imágenes muy realistas y brutales de Xipe-Tótec (Aveleyra, 1964).

Xipe-Tótec era el dios principal de la festividad denominada *Tlacaxipehualiztli,* cuando se realizaban impresionantes sacrificios en los que a las víctimas, después de ser derrotadas en batallas rituales, sobre el *temalacatl* —cilindros escultóricos con la imagen del disco solar—, después de extraerles el corazón, se les decapitaba y despellejaba, y con la piel del rostro y de un gran trozo que correspondería al torso y a los brazos, algunos individuos vestían con dichos pellejos y usaban la del rostro a manera de máscara y se presentaban todo el resto de la veintena portando esta vestimenta peculiar hasta que en el siguiente mes, a principios, ellos se despojaban de esta macabra insignia de Xipe, para volver a lucir su aspecto original. Asimismo, esa macabra vestimenta es el elemento iconográfico que identifica a la deidad (Nicholson, 1971: 422-424).

Según algunos autores, todo este proceso ceremonial simbolizaría el que ha llegado a término la época en que la diosa Tierra debe cambiar la piel vieja, áspera y seca por una nueva, vital y juvenil. Por este proceso de cambio de piel, Xipe-Tótec era también el dios de los orfebres, quienes en el proceso final de su actividad artesanal, al abrir el molde de arcilla, rugoso y pardo, permitían ver el objeto fundido de oro brillante y deslumbrante (Solís y Carmona, 1995).

Para algunos estudiosos, más atrevidos, Xipe sería como el pellejo que cubre al pene y que al quitarlo permite la exhibición del mismo y ello, con la connotación de fertilidad solar a la que hemos hecho referencia líneas arriba, traería consigo el inicio de la acción solar en relación con la futura revitalización de la naturaleza, en la que participará activamente la sangre como líquido precioso relacionado con la regeneración.

Cuando la tierra ha sido fecundada, la acción entonces corresponde a Xochipilli, deidad que probablemente tiene su presencia más temprana en tiempos de Teotihuacan, donde múltiples braseros de carácter escenográfico han sido identificados con las imágenes de Xochipilli. Para la época de los mexicas, esta deidad tenía una clara connotación solar y sureña; su nombre calendárico es Macuil-xóchitl, "5-Flor". Aún más, es muy posible que además de su carácter solar, Xochipilli estuviera asociado a la imagen suprema del gobernante quien, como representante de Xiuhtecuhtli, portaba sus insignias, de ahí que las imágenes de Xochipilli lo muestren siempre en posición sedente sobre un trono o *icpalli*, distintivo también de los *tlatoanis,* y presidiendo la entrada a los santuarios más importantes a manera de portaestandarte (Solís, 1991: 36-38).

Xipe-Tótec. *Códice Borbónico.*

En los relatos que nos describen a esta deidad y su ceremonial resalta el hecho de que a él se asocia el cambio de infancia o adolescencia en los hombres (Cartwright, 1982: 76), virtualmente la equiparación a la maduración del cuerpo humano que permitirá la vida adulta, el que el individuo destaque por sus acciones valerosas y el que pueda propagar la especie. Por ello no es de extrañar que en el transcurso del año, cuando el calor y la humedad permiten la madurez de la naturaleza y ésta se expresa mediante la floración, ello se deba también a la acción de Xochipilli. Relacionados con él son también el mono, por alegre y festivo, muchas aves diurnas, especialmente el pájaro coxcox, así como las mariposas y las flores.

Es el patrono de la música, del canto y la danza, de todas las expresiones festivas en relación con la fertilidad humana y de la naturaleza, así también una de sus advocaciones es Centéotl, joven dios del maíz. Xochiquétzal, su compañera —la flor preciosa—, por las razones que hemos expresado líneas arriba, es la patrona del impulso sexual en las mujeres, el cual llega cuando éstas han alcanzado su adolescencia y así también ella encabeza la acción de las mujeres públicas, las que complacen y acompañan a los jóvenes guerreros.

Con la fertilización de los campos crece la planta primordial, la que sustenta al pueblo, la que dio razón a las civilizaciones mesoamericanas, el maíz, que para tiempos de los mexicas, en su forma vegetal como mazorca, tendría una advocación masculina: Cintéotl, pero fundamentalmente, es la comida de todos una de las diosas madres encargada de dar de comer a la población cuyo nombre calendárico es Chicomecóatl, "7-Serpiente", que en su fase núbil se llama Xilonen.

A ella la reconocemos por los centenares de esculturas que han llegado hasta nuestros días, en las que apreciamos a una mujer madura que luce un tocado de forma cuadrada llamado *amacalli* que la identifica; normalmente, lleva en ambas manos los dos pares de mazorcas sagrados, los primeros que se recolectan del sembradío y que se llevaban devotamente al templo (Pasztory, 1983: 218-219); entre los zapotecas el patrono del maíz es Pitao Cozobi y los mayas le rindieron culto como una deidad joven.

Otra de las plantas que fueron fundamentales para la vida de los pueblos prehispánicos, especialmente los del altiplano central, fue el maguey, al cual se le reverenciaba como numen madre del pueblo; Mayahuel, la diosa-planta, proveía de la fibra del henequén, de la que estaban tejidas todas las prendas de los campesinos; además de textiles, con ellas se hacían cordeles y otras labores útiles en la vida diaria; los deliciosos gusanos que se crían en su interior son un suculento platillo que aún nos deleita en nuestros días; las pencas servían de tejas; se dice que con ellas se hacía papel y las púas servían para el autosacrificio (Nicholson, 1971: 420).

Xochipilli. *Códice Magliabecchi.*

En su época de madurez, del interior se extrae un líquido embriagante: el pulque, que tiene su propia deidad patrona cuyo nombre calendárico es Ometochtli, "2-Conejo", el cual es asistido por los *cenzon totochti,* "Los 400 Conejos", encargados de dar sentido y razón a las diversas variables de borrachera (Nicholson, *op. cit.:* 119), de ahí que el conejo sea el animal emblema de estas deidades y en tiempos indígenas al término emborracharse se le denominaba aconejarse.

Es en las pequeñas figurillas de arcilla, especialmente aquellas hechas en molde, donde podemos apreciar con detalle la vestimenta, tocado e insignias que en los documentos pictográficos se encuentran como distintivos de las deidades (*Códice Florentino,* 1982, vol. I).

Si bien la complejidad de nombres y cultos, el impactante relato del seguimiento cuidadoso de las ceremonias que se realizaban cada día, cada 20 y cada año, hacen más complejo y distante este mundo religioso de nuestro pasado indígena, es indudable que en él reconocemos siglos de acumulación de información, de una detallada observación de la naturaleza y de su necesaria explicación mítica. En este pensamiento precientífico se sobrepone ante todo el dominio de los dioses, los que se encargan de regir el universo creado por ellos mismos, donde el hombre tiene como misión fundamental la práctica puntual del complejo ceremonial que permita la contravida de la vida.

FELIPE SOLÍS

BIBLIOGRAFÍA

Aveleyra Arroyo de Anda, Luis, *Obras selectas del arte prehispánico,* Consejo para la Planeación e Instalación del Museo Nacional de Antropología, SEP, México, 1964.

Cartwright Brundage, Burr, *El Quinto Sol. Dioses y mundo azteca,* Editorial Diana, México, 1982.

Caso, Alfonso, "La religión de los aztecas", *Enciclopedia Ilustrada Mexicana,* Imprenta Mundial, México, 1936.

——, *El pueblo del Sol,* Fondo de Cultura Económica, México, 1953.

Códice Florentino. Manuscrito 218-220 de la colección palatina de la Biblioteca Medicea Laurenziana, edición del Gobierno de México, México, 1982.

Nichoson, Henry B., "Los principales dioses mesoamericanos", *Esplendor del México antiguo,* vol. I, pp. 161-178, Centro de Investigaciones Antropológicas de México, México, 1959.

——, "Religion in Pre-Hispanic Central Mexico", *Handbook of Middle American Indians,* vol. 10, *Archaeology of Northern Mesoamerica, part One,* pp. 395-446, University of Texas Press, Austin, 1971.

Pasztory, Esther, *Aztec Art,* Harry N. Abrams, Inc., Publishers, New York, 1983.

Ritos, sacerdotes y atavíos de los dioses, Textos de los Informantes de Sahagún: 1. Introducción, paleografía, versión y notas de Miguel León-Portilla, UNAM, México, 1958.

Sahagún, Bernardino, *Historia general de las cosas de Nueva España*, edición de Ángel Ma. Garibay K., tomo I, Editorial Porrúa, México, 1956.

———, *Historia general de las cosas de Nueva España*, primera versión íntegra del texto castellano del Manuscrito conocido como *Códice Florentino*. Introducción, paleografía, glosario y notas de Alfredo López Austin y Josefina García Quintana, México, 1989.

Solís, Felipe, *Gloria y fama mexica*, Smurfit Cartón y Papel de México, S.A. de C.V., y Galería Arvil, México, 1981.

Solís O., Felipe y Ernesto González Licón. "Tlaltecuhtli el Señor de la Tierra", *Antropología*, nueva época, núm. 25, enero-febrero de 1989, pp. 26-30, México, 1989.

Thevet, "Historia de México", *Teogonía e historia de los mexicanos-Tres opúsculos*, col. Sepan Cuántos, núm. 37, Editorial Porrúa, México, 1973.

CATÁLOGO
81-155

LOS DIOSES DE LA VIDA

81

TEZCATLIPOCA
Mexica. Postclásico tardío
Piedra (obsidiana)
12.5 × 9.5 cm
MNA, INAH, México, D.F.
[10-9642]
Cat. 81

Tezcatlipoca es "El espejo humeante", dios común y contrario a otras deidades del panteón prehispánico. Es patrono de guerreros, príncipes y hechiceros; dios del frío que representa el cielo nocturno; dios de la providencia —que era invocado en los momentos de más peligro— y que tenía el don de la ubicuidad. Su atributo principal es el espejo que humea; su disfraz es el tigre y su emblema un cuchillo de obsidiana, que representa el viento negro. Tezcatlipoca, junto con Quetzalcóatl, son los creadores del mundo y en ese mundo dual que todo lo regía, representaban la oscuridad y la luz, la maldad y la bondad. Consustancial y a la vez contrario a Quetzalcóatl, Tezcatlipoca es junto con éste quien levantó el cielo cuando se cayó al término del Cuarto Sol y ambos trazaron el camino que se ve en el cielo, la Vía Láctea. Comúnmente el espejo que lo caracteriza puede encontrarse en la sien o en lugar de uno de sus tobillos, lo que tiene su explicación: cuando en ciertas latitudes la constelación de la Osa Mayor (que los antiguos nahuas veían como un tigre) desaparece del cielo por el horizonte, la faltante estelar se traspola al propio cuerpo de Tezcatlipoca, a su propia esencia, como una suerte de mutilación. La obsidiana es uno de los símbolos sustantivos de Tezcatlipoca, y no es de extrañar que la materia prima de esta escultura sea precisamente esta piedra. En ella se ve a la deidad sentada con las rodillas flexionadas, llevando los adornos característicos, como son las orejeras, el pectoral, las ajorcas y muñequeras, y el tocado, elaborado por una banda decorada con círculos en todo el derredor.
LC

101

82

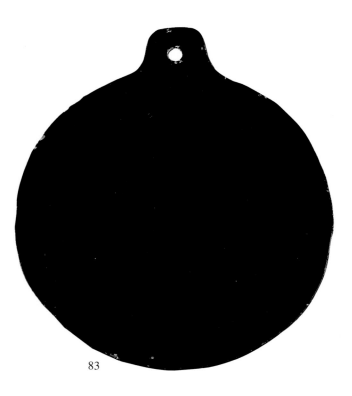

83

ESPEJO HUMEANTE
Mexica. Postclásico tardío
Piedra (andesita)
94 × ø 46 cm
Museo de Santa Cecilia Acatitlán, INAH,
Estado de México
INAH, MNA [000089]
Cat. 82

Tézcatl, espejo de obsidiana que refleja la imagen y la noche. Es el principal atributo de Tezcatlipoca, cuya fiesta se celebraba en el mes llamado *Tóxcatl;* época de calor y sequía, en la que el exceso de sol y la falta de agua podrían acarrear hambre en la población. En contraposición, se le invocaba también en el mes *Teotleco,* cuando el exceso de lluvias y la falta de sol podrían acabar con las cosechas a punto de ser levantadas. Era un dios providencial que estaba dispuesto a actuar como contrario al dios que causaba dichas calamidades. En este relieve, ubicado en el Museo de Santa Cecilia Acatitlán, el lenguaje de las formas que simbolizan a Tezcatlipoca y que le dan nombre se

manifiestan magistralmente para representar al Espejo Humeante, formado por media circunferencia decorada con varias bandas y a su vez rematada por ocho representaciones de borlas de pluma, que significan el sacrificio. Al centro y partiendo de una banda de piel de tigre que simboliza el cielo nocturno, se desprenden dos volutas de humo que ondulando ocupan la otra mitad del círculo. Sobre la piel de tigre, asoma la cabeza de un fémur humano. El fuste de este cilindro no tiene decoración alguna y se desconoce su función original y el sitio exacto de su hallazgo. Procede de la Ciudad de México. LC

ESPEJO DE OBSIDIANA
Mexica. Postclásico tardío
Piedra (obsidiana)
21.41 ø 18.5 cm
MNA, INAH, México, D.F.
[10-229945]
Cat. 83

Ya hemos apuntado que uno de los atributos de Tezcatlipoca es un espejo de obsidiana, el cual refleja la noche. Este ejemplar proviene de la colección del Museo Nacional de Antropología. En su parte superior tiene una pequeña protuberancia con un orificio para poder colgarse; muy probablemente como parte de los atavíos, ya sea del sacerdote que presidía el ritual en honor del dios, o por el joven que vestido como el mismo Tezcatlipoca y que en la fiesta llamada *Tóxcatl* sería sacrificado. Un año antes de dicha celebración, se elegía a un joven valeroso y apuesto (generalmente un prisionero de guerra). Durante ese año era enseñado por los sacerdotes en los finos modales de la alta jerarquía; era adorado y celebrado cual si fuera el mismo dios y agasajado por cuatro doncellas que serían sus compañeras un mes antes de la inmolación. Comía y bebía a su gusto y paseaba tocando música de flauta, en medio de un gran júbilo. El día de su muerte y precedido por los sacerdotes que se encargaron de su educación y complacencia durante un año, subía las gradas del templo rompiendo las flautas para, posteriormente, postrarse sobre la piedra de sacrificios con el fin de que le arrancaran el corazón, en un ritual emotivo y doloroso. Su cuerpo deificado no era arrojado por la escalinata, sino conducido a su destino final y la cabeza era ensartada en el *tzompantli*. LC

QUETZALCÓATL
Mexica. Postclásico tardío
Piedra (basalto)
70 × 49 × 44 cm
Museo Arqueológico de Apaxco. Instituto Mexiquense de Cultura, Edo. de México
[I-10832]
Cat. 84

Antes de partir de Tula, Ce-Ácatl Topiltzin Quetzalcóatl prometió regresar en una fecha 2-Caña. Siglos más tarde, esa fecha coincidiría con la llegada de los conquistadores españoles. Moctezuma II, sabedor de la tradición de esa promesa entendida como amenaza, confundió a Hernán Cortés con el hombre barbado

que se suponía era Quetzalcóatl; se dio a la sumisión y a la derrota anticipada ante el supuesto regreso del héroe cultural que cobraría venganza por la traición legendaria de Tezcatlipoca, dando fin a sus sucesores, los poderosos aztecas. El nombre de Quetzalcóatl encierra en sí no sólo el nombre de un dios con tales características, es decir, con cualidades de ave y serpiente. Encierra también el profundo concepto dual de la unión de los contrarios: el cielo, significado por las plumas de ave, y la tierra por la serpiente. Esta escultura ovoidal representa a esa deidad dual por naturaleza, con la característica serpiente cubierta de plumas preciosas de quetzal. Enroscada en sí misma, levanta su cabeza, de cuyas fauces abiertas emerge el rostro de un hombre adornado con orejeras y de semblante apacible. La lengua bífida del animal se dibuja con un fino relieve. Esta concepción de la divinidad es también la unión de dos elementos en apariencia contrarios: el hombre y el animal, que se funden entre sí. LC

84

QUETZALCÓATL
Mexica. Postclásico tardío
Piedra (basalto)
33.9 × 21 × 20 cm
MNA, INAH, México, D.F.
[10- s/n, Catálogo 112999]
Cat. 85

La dualidad a que hemos hecho referencia, cobraba dimensiones significativas en la figura de Quetzalcóatl.

Esta representación es similar a la Fig. 84 en cuanto a su concepción formal. Aunque de silueta mucho más voluptuosa, esta pequeña escultura presenta también al animal serpentino de cuya cabeza surge un rostro humano. La lengua bífida se marca toscamente sobre el cuerpo de la serpiente. No muestra las características plumas en relieve, lo que da pie a señalar que, con toda certeza, en su época la pieza estuvo policromada. Los colores eran aplicados sobre una fina capa de estuco y, posiblemente, cada uno tendría una carga simbólica que coadyuvaba a reforzar el contenido de la representación. Muy probablemente las plumas pudieron haber sido dibujadas y coloreadas sobre la superficie pétrea, aunque esto no deja de ser una conjetura, dada la pérdida total del colorido original. En igual circunstancia se encuentran la mayoría de las esculturas cuya superficie vemos hoy desnuda. LC

85

86

XÓLOTL
Mexica. Postclásico tardío
Piedra (basalto)
48.7 × 76.8 × 60 cm
MNA, INAH, México, D.F.
[s/n Catálogo s/n]
Cat. 86

Xólotl es el "Gemelo Precioso". Venus es representado por Quetzalcóatl en la mañana y por su gemelo Xólotl en la tarde. Es el doble, el enfermo, cuya misión no es más que la de representar al planeta en su viaje al inframundo, por ocho días, para reencontrarse con la luz. Xólotl es la explicación a un fenómeno celeste, y en ocasiones se le representa feo, desnudo, con los ojos fuera de sus órbitas y con una enorme boca que hereda del perro. Xólotl trasciende el nivel humano de este mundo y únicamente bajo este aspecto Quetzalcóatl puede irrumpir en un reino en que la obscuridad sienta sus reales. Por ello es el perro quien acompaña al difunto para llegar a la morada de los descarnados, pues nadie mejor que él la conoce y sólo él ha regresado. La cabeza de Xólotl que mostramos es una representación naturalista de la raza típica mexicana, el *xoloixcuincle* con su piel arrugada y hocico semiabierto; pero los atributos iconográficos que lleva la sitúan muy lejos de ser simplemente eso. La deidad lleva un par de orejeras, formadas por elementos circulares y triangulares, y las dos protuberancias que se observan coronando su cabeza son características de Xólotl. De este modo, una lectura más profunda nos lleva al ámbito de lo dual, que es la esencia misma del pensamiento mesoamericano. Procede del centro de la Ciudad de México. LC

87

BRASERO SACERDOTE
DE QUETZALCÓATL
Maya. Postclásico tardío
Cerámica
58.2 × 36 × 32 cm
Museo Regional de Antropología, INAH.
Palacio Cantón, Mérida, Yuc.
[10-251125]
Cat. 88

Representación de algún sacerdote
dedicado al culto a Quetzalcóatl, llamado
Kukulkán en la zona maya. Porta un gran
yelmo en forma de cabeza de jaguar, en
cuya parte superior se encuentra la boca
del brasero; tras éste, un penacho de
plumas cae por la espalda. Lleva orejeras
circulares y en su centro se observa un
elemento alargado. Porta una especie de

CORTE DE CARACOL
Mexica. Postclásico tardío
Piedra (basalto)
29.5 × 33 × 7.5 cm
MNA, INAH, México D.F.
[10-156319]
Cat. 87

El caracol, ya sea entero, ya sea en corte
longitudinal o transversal, es el atributo
distintivo de Quetzalcóatl desde épocas
teotihuacanas. Puede portarlo como
pectoral, como orejeras o como parte de
su tocado. El caracol es símbolo de vida,
generación y principio; y el hecho
coincide con la tradición que hace de
Quetzalcóatl el procreador del hombre.
Existen muchos ejemplares de figuras de
caracol tratadas como entidades aisladas,
pero cuyo simbolismo remite siempre a la
figura sempiterna de Quetzalcóatl. Tal es
el caso de esta escultura en relieve que
representa el corte transversal de un
caracol marino. Fue empleada quizá como
almena en algún edificio o templo
asociado al culto de la serpiente
emplumada, en cualesquiera de sus
advocaciones. LC

88

chaleco sobre su blusón, encima del cual se observa un pectoral en forma de un gran corte de caracol, que lo identifica inequívocamente con Quetzalcóatl. Del pectoral penden cuatro cuentas en forma de cascabeles alargados. Lleva un faldellín con un taparrabos sobrepuesto y sus pies portan sandalias. El brazo izquierdo (al espectador) luce un brazalete y sus manos sostienen sendas bolas de copal. Su rostro de típicas facciones mayas se muestra angulado en la parte del mentón y ancho de las mejillas hacia arriba. Su boca se encuentra semi-abierta y en la barbilla se localiza una joya muy común entre los pueblos mesoamericanos llamada bezote. Los ojos están sumamente juntos, dando la sensación de estrabismo y los párpados fueron trabajados con gran realismo. LC

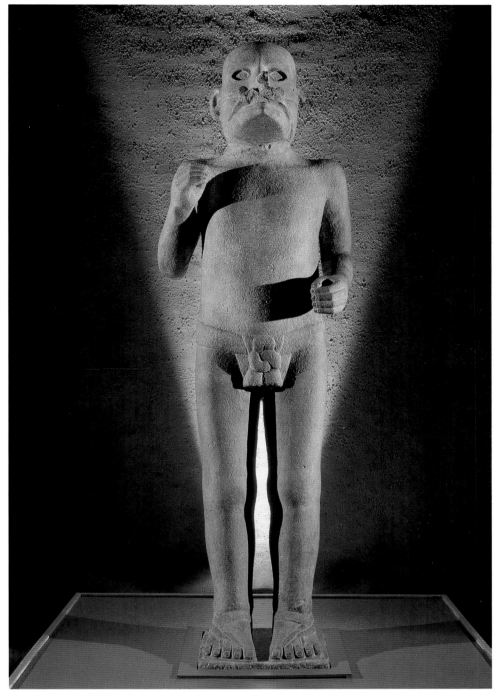

89

EHÉCATL CALIXTLAHUACA
Mexica. Postclásico tardío
Piedra (basalto)
176 × 56 × 50 cm
Museo de Antropología e Historia del Estado de México. Instituto Mexiquense de Cultura
[10-109262]
Cat. 89

Como hemos apuntado, Quetzalcóatl era una de las deidades principales del panteón mesoamericano. Es un dios creador y sostenedor que presidía las ciencias y las artes. Confundido en los linderos de lo real y lo mítico, Quetzalcóatl se transfigura en varias advocaciones; una de ellas, de la que ya hemos hablado, es la serpiente emplumada; otra, Tlahuizcalpantecuhtli o Venus; una tercera es la representación del Hombre-Tigre-Pájaro-Serpiente; una más es la figura de Xólotl y una última, a la que nos referiremos ahora, que es la advocación como Ehécatl, dios del viento.

Previo a la lluvia, un viento en ocasiones suave y en otras vigoroso, forma remolinos en las llanuras, a modo de rabo de nube, levantando los objetos poco pesados que se encuentran en la superficie. Es Ehécatl quien limpia y barre para dar paso a los proveedores de la lluvia, los *tlaloques*. El atributo que distingue a Ehécatl es una máscara en forma de pico de ave que le permite soplar y que se observa claramente en esta extraordinaria figura. De espléndida factura, la representación de Ehécatl se muestra esbelta, espigada, de contornos suavemente redondeados. Su cuerpo inmóvil porta un pequeño *máxtlatl* que apenas cubre los genitales, así como un par de sencillas sandalias. La posición de sus brazos y la colocación de los dedos de las manos posiblemente respondan a que esta escultura llevó algunos estandartes o emblemas relacionados a su actividad divina. La característica máscara conserva restos de pigmento rojizo y tras ella se vislumbra el rostro del dios, en cuyas órbitas oculares posiblemente hubo incrustaciones de concha y piedra para simular los ojos, mismas que se han perdido. LC

90

EHÉCATL SENTADO
Mexica. Postclásico tardío
Piedra (granito y obsidiana)
41 × 18 cm
MNA, INAH, México D.F.
[10-48]
Cat. 90

En esta pequeña escultura, el dios está sentado al modo que acostumbran los indígenas, con sus piernas flexionadas y sus brazos descansando sobre las rodillas. La entrepierna se encuentra levemente separada para dejar ver el nudo del taparrabo o *máxtlatl*. Es evidente la sencillez de las líneas que dibujan el nacimiento del cabello en la frente y los trazos que dan forma a las orejas, desprovistas de todo adorno, al igual que los rasgos que dibujan los dedos de los pies. Los ojos simulados por placas ovoidales de obsidiana otorgan al rostro expresión de vitalidad. Como en otras representaciones de Ehécatl, esta obra guarda también restos de pigmento rojo en el pico y azul en el cuerpo.
LC

91

EHÉCATL
Mexica. Postclásico tardío
Piedra
22.7 × 14 × 15.7 cm
MNA, INAH, México D.F.
[10-162646]
Cat. 91

El movimiento tímidamente expresado por una leve inclinación de la cabeza hacia uno de sus lados, mirando al cielo y la postura del cuerpo sentado con una pierna flexionada y sostenida por una mano, y la otra descansando sobre el muslo en una posición un tanto despreocupada, dan a esta escultura de Ehécatl un tono menos grave y suntuoso que otras representaciones cuyo hieratismo es una cualidad formal inherente. La divinidad lleva su máscara para hacer el viento, con restos de color rojo y en el cuerpo se conservan evidencias de azul. Lleva su tocado en la cabeza y un par de orejeras formadas por elementos alargados que enmarcan su rostro. LC

92

MONO-EHÉCATL
Mexica. Postclásico tardío
Piedra
60 × 37 × 33 cm
MNA, INAH, México, D.F.
[10-116784]
Cat. 92

El mono es un animal asociado a Ehécatl-Quetzalcóatl. Según narra el relato de la "Leyenda de los Soles", durante el Sol de Viento, es decir la era Nahui-Ehécatl-4 Viento-Quetzalcóatl se convirtió en Sol. Entonces el jaguar Tezcatlipoca, su contrincante en la supremacía de las eras, lo derribó de un zarpazo, lo que provocó un gran ventarrón que echó por tierra todos los árboles. Murieron la mayoría de los hombres, quedando sólo algunos en forma de monos.

El mono también se asocia a los dioses de la sensualidad, como Xochipilli, pues representa el lado hedonista y lúdico de los nahuas. A diferencia de las piezas hasta ahora descritas, esta obra se distingue por su movimiento y la gracia con la que el mono se desenvuelve girando sobre su eje vertical, como un remolino de viento. La cola, que semeja una serpiente, es levantada por una de las manos de simio hacia arriba, pasando por atrás de su cabeza, para terminar en la otra mano. En la base de la escultura puede observarse el crótalo de la serpiente. El mono lleva puesta la máscara de pico de ave tan característica de Ehécatl-Quetzalcóatl, pigmentada de rojo, como era la costumbre. Otras zonas de la figura guardan todavía restos de color azul y rojo, así como parte de la capa de estuco que servía como base para recibir los colores. La pieza fue encontrada en la esquina de José Ma. Izazaga y Pino Suárez, durante las excavaciones del Metro de la Ciudad de México. LC

HUEHUETÉOTL Y EHÉCATL
CON CUERPO DE TORTUGA

Mexica. Postclásico tardío
Cerámica
11.5 × 13.5 × 19 cm
Museo del Templo Mayor, INAH,
México, D.F.
[10-263538]
Cat. 93

Mexica. Postclásico tardío
Cerámica
10.5 × 13 × 19.5 cm
Museo del Templo Mayor, INAH,
México, D.F.
[10-262535]
Cat. 94

93

Como hemos visto, una de las
advocaciones de Quetzalcóatl es la de
dios del viento, llamado Ehécatl. El
atributo que distingue a Echécatl es una
máscara en forma de pico de ave. Una de
estas dos vasijas de cerámica, cuya forma
general semeja un caparazón de tortuga,
tiene en un extremo la cabecilla de este
dios. La otra vasija tiene la imagen de

Huehuetéotl, el "dios viejo", a quien ya
nos hemos referido y que se representa
precisamente como un anciano. El estilo
decorativo de ambas piezas es una
imitación de la cerámica policroma que
se elaboraba en la región de Cholula,
Puebla, la cual era especialmente
apreciada por los mexicas.

Estas piezas, junto con otras tres
semejantes, fueron localizadas de una
caja de ofrenda en las excavaciones
de recimentación de la Catedral
Metropolitana de la Ciudad de México.
Es probable que sean contemporáneas
a la etapa constructiva IV del Templo
Mayor, hacia 1440. LC

94

ALMENA DE TLÁLOC
Teotihuacana. Clásico
Piedra
136 × 91 × 13.5 cm
MNA, INAH, México D.F.
[10-81817]
Cat. 95

Tláloc es una combinación de jaguar y de serpiente. Es el dios de la lluvia y del rayo, su color es el azul y habita en la región sur. La antigüedad de su culto se remonta hasta la cultura olmeca de Tabasco y Veracruz.

Esta almena es una estilización de los rasgos propios de Tláloc. Proviene de la zona arqueológica de Teotihuacan, en la cual la profusión de imágenes de este dios es sorprendente, tomando en cuenta que la economía básicamente agrícola del pueblo teotihuacano requería del agua para su desarrollo y subsistencia. El culto

a Tláloc se revela en todo tipo de manifestaciones artísticas; ya sea pintura mural, cerámica, escultura y en elementos arquitectónicos como la pieza que mostramos, en la que la imagen del dios se sintetiza a su mínima expresión, resaltando los atributos propios de su personalidad. Cuatro colmillos emergen de una enorme boca abierta; su nariz animal se dibuja hacia los extremos superiores y de la boca surge una gran lengua bífida, como dos corrientes de agua, que resalta el carácter serpentino de Tláloc. Con trazos geométricos, apenas suavizados en los bordes pulidos para lograr ligeras curvas en el diseño, esta magnífica representación de Tláloc es la esencia misma de la divinidad, sin mayores atributos. Existen varios ejemplares similares a este, lo que indica que pertenece a una serie de almenas que decoraban algún templo. LC

OLLA TLÁLOC DE CERÁMICA
Mexica. Postclásico tardío
Cerámica
35 × 31.5 ø 21cm, con el mascarón, 31.5 cm
Museo del Templo Mayor, INAH, México, D.F.
[10-220302]
Cat. 96

Tláloc es la lluvia divinizada, fecundador de la tierra, residente de las más altas montañas, donde se forman las nubes. Ometecuhtli, dios dual creador por excelencia, dio organización al agua, para lo cual creó a Tláloc para las aguas del cielo y a su compañera y hermana Chalchiuhtlicue, para las aguas terrenales, ríos, lagos, lagunas y mares. Su residencia, el llamado Tlalocan, fue entendida por los cronistas como "paraíso", como contraparte del Mictlán,

95

96

el lugar de los descarnados, que ellos interpretaron como "infierno". Tenía su principal adoratorio en el Templo Mayor de Tenochtitlan, compartido con el dios Huitzilopochtli. Tláloc era una deidad benéfica, pero que también tenía su lado negativo, ya que en ira podía enviar el destructor rayo, heladas, inundaciones y granizo que destruían las cosechas. Por ello en su fiesta principal, que se celebraba en el mes *Acahualco,* le dedicaban niños y doncellas jóvenes, a los que sacrificaban en lagos o en las cumbres de los montes, para procurar la lluvia y por lo tanto fructíferas cosechas, determinantes para la subsistencia de la población.

Esta representación del dios hecha en cerámica policromada, muestra los rasgos iconográficos más sobresalientes y característicos de la deidad, lo que hace fácil su reconocimiento, esto es, anteojeras formadas por dos serpientes que se encuentran al centro y se entrelazan para formar la nariz; una serpiente como bigotera que enmarca la boca, de la que emergen dos colmillos. Como ornamentos porta grandes orejeras rectangulares con un pendiente al centro. Lleva sobre su cabeza un tocado con salientes en color blanco. El color azul, presente en casi toda la vasija, es atributo del agua y en particular el de este dios. En su interior se encontraron conchas de madre-perla y cuentas de piedra verde, símbolos del agua. La olla fue localizada con el rostro orientado hacia el templo del dios Tláloc, en la ofrenda 56, lado norte del Templo Mayor, correspondiente a la etapa constructiva III, data de entre los años 1427 y 1440. LC

97

RELIEVE DE TLÁLOC
Mexica. Postclásico tardío
Piedra (basalto)
10 × 34 × 27.5 cm
MNA, INAH, México, D.F.
[10-222120]
Cat. 97

El nombre de Tláloc quiere decir "El que hace brotar"; presidió uno de los cuatro Soles, el tercero, era que terminó con una lluvia de fuego, según la "Leyenda de los Soles".

Este relieve con la efigie de Tláloc muestra con toda sencillez los rasgos

característicos de divinidad tan venerada y de la que dependía la subsistencia alimenticia de los pueblos prehispánicos. Las clásicas anteojeras enmarcan los ojos de Tláloc y sobre ellas una serpiente con los extremos enrollados se une al centro trenzándose en dos partes para formar la nariz. Esta serpiente se adorna con plumas que semejan las cejas del rostro. Sobre su boca, otro elemento serpentino forma la bigotera también característica de esta deidad. Seis colmillos emergen de la boca y el rostro se encuentra flanqueado por dos orejeras circulares.

Esta imagen se encuentra en el interior del bloque de piedra; del otro lado, la representación de un animal escamado acompaña a la deidad. Se trata de un lagarto llamado Cipactli, como imagen del monstruo de la tierra. LC

98

TLÁLOC
Costa del Golfo. El Zapotal
Clásico tardío
Cerámica
48 × 32 × 41 cm
Museo de Antropología de Xalapa,
Veracruz.
[49 PJ3991]
Cat. 98

La escultura en cerámica que nos ocupa, muestra a un hombre sentado con los brazos descansando sobre sus rodillas. Ajorcas en las pantorrillas, unos *cactli* rematados en moño en la parte del empeine, sus muñequeras y un *máxtlatl* son sus atavíos. Sobre la cabeza lleva un tocado de tiras de papel, algunas de las cuales caen sobre los hombros; otras enmarcan su rostro afilado, el que se encuentra adornado por dos grandes aros en torno a sus ojos, elementos que se asocian a las anteojeras del dios Tláloc. Posiblemente se trate de un sacerdote dedicado al culto al dios del agua, cuya postura impasible aparenta un estado de meditación. En el ritual dedicado a este dios, se acostumbraba vestir con los atavíos del dios al elegido que sería sacrificado en su honor. LC

114

BRASERO DE TLÁLOC
Mexica. Postclásico tardío
Cerámica
118.5 × 98 cm, ø boca, 18 cm
MNA, INAH, México, D.F.
[10-392820]
Cat. 99*

Los sacerdotes dedicados al culto de los
diversos dioses que conforman el
panteón mesoamericano, acostumbraban
portar los atributos iconográficos de la
divinidad con el fin de celebrar los ritos.
Como en el caso anterior, este brasero
mexica muestra a un personaje que lleva
sobre su cabeza un enorme tocado con la
efigie de Tláloc. La máscara está
adornada con las anteojeras y la nariz
formada por una serpiente enroscada,
elementos característicos del dios del
agua; un gran tocado tubular se proyecta
hacia arriba y tras él un adorno de papel
sale hacia los lados. Las orejeras de la
máscara son cuadrangulares, con una
barrita que se desprende del centro de
cada una. El sacerdote propiamente
dicho lleva un gran pectoral, cuyo
motivo central es la representación
de un *chalchihuite* o piedra verde,
relacionada con el líquido. Dos corrientes
de agua decoradas con caracoles ondean
a los flancos de todo el motivo. LC

100

LÁPIDA DE TLÁLOC
Mexica. Postclásico tardío
Piedra
48 × 34.5 × 14 cm
MNA, INAH, México, D.F.
[11-4078]
Cat. 100

El relieve de este sacerdote del culto
a Tláloc muestra algunas de las
características iconográficas del brasero
anterior, es decir, el sacerdote porta
algunos atributos de la divinidad del agua.
Viste un faldellín, ajorcas en las piernas,
sandalias, brazaletes, un tocado de plumas
que nacen de una banda que se ciñe a su
frente y un pectoral de cuentas con una
gran piedra verde *chalchihuite* al centro.
La cara del sacerdote está enmascarada
con el rostro de Tláloc. Sus manos llevan,
una, el bastón florido, y la otra su
chicahuaztle o sonaja. LC

115

101

que semeja papel plegado, común a las deidades del agua. Sobre su *quexquémitl* se aprecia un pectoral compuesto de dos círculos concéntricos, que representa la piedra verde o *chalchihuite*. Su mano izquierda —dibujada por incisión— porta un palo sonaja, el llamado *chicahuaztli,* consistente en una especie de lanza de madera con punta dentada, con una esfera entre éste y el mango, donde se introducían piedrecillas o bolitas de madera para hacer ruido a manera de sonaja. Este instrumento es común también a otros dioses relacionados con el agua y la fertilidad y tenía poderes mágicos.

Esta pieza podríamos confinarla en un círculo casi perfecto, del cual únicamente sobresale la boca de la olla misma, lo que habla de la destreza del artista alfarero que la modeló. En el interior de la misma fueron encontrados otros objetos relacionados con el agua; una concha *Spondylos* y una piedra verde labrada. Se descubrió a la entrada de la Cámara II del Templo Mayor, en la etapa constructiva ɪvb, entre los años 1469-1481. LC

CHALCHIUHTLICUE
Mexica. Postclásico tardío
Cerámica
33 × 33.5 × 1.3 cm, ø boca: 17 cm
Museo del Templo Mayor, INAH,
México, D.F.
[10-168820]
Cat. 101

Chalchiutlicue, "la de la falda de jade", diosa del agua de ríos, lagos, lagunas y del mar. Según los mitos aztecas, el ser supremo Ometecuhtli creó cuatro dioses llamados Xipe, Tezcatlipoca, Quetzalcóatl y Huitzilopochtli; estos cuatro dioses crearon a su vez a Tláloc y a su hermana Chalchiuhtlicue y les dieron por encargo ser dioses del líquido. En la sucesión de Soles o eras que precedieron al Quinto Sol, los dioses se encargaron de alumbrar al mundo, entre ellos Chalchiuhtlicue, en cuyo reinado el cielo que era de agua cayó sobre la tierra, es decir, hubo un gran diluvio. Ella alumbró al mundo 312 años, en la era *Nahui-Quiahuitl* o 4-Agua. Como todas las representaciones de esta diosa, existen elementos iconográficos característicos y éstos son la banda que adorna su frente, con dos borlas flanqueando su rostro; nariguera y detrás de la cabeza un tocado

LÁPIDA DE CHINOLA
Huasteca. Postclásico
Piedra
100 × 41 × 5.5 cm
MNA, INAH, México, D.F.
[10-46686]
Cat. 102

Esta lápida procede del cerro de Chinola, cercano al Castillo de Teayo, en Veracruz, y presenta problemas de interpretación. Está ampliamente estudiada desde principios de siglo en que Seler la identifica como una Chalchiuhtlicue. La diosa porta un enorme tocado de diseño geométrico sobre su cabeza y en cuya base se observan siete puntos. En el ángulo superior derecho (al espectador) se asoma una serpiente por detrás de las plumas del tocado, que por lógica simetría aparecería en el lado contrario, mismo que está destruido. Luce su blusón terminado en punta; sus elaboradas orejeras enmarcan el impasible rostro de la divinidad, cuyas delicadas manos se posan sobre el pecho. En la parte inferior del bloque se trabajó la representación de la tierra, por medio de una gran boca abierta y de la que emerge la diosa. La cara invertida del monstruo de la tierra tiene sus ojos enmarcados por sendas cejas y por su labio de doble banda asoman los dientes. Seler interpreta esta escena como el agua que emerge de la tierra. En la parte posterior, se encuentra el relieve de cuatro personajes recostados de perfil, sobrepuestos unos a otros como si fueran cayendo, cuyos atavíos se componen de penachos de plumas largas, orejeras, faldellín con cinturón de plumas en la parte posterior, pectoral en forma de disco, brazaletes y ajorcas. Cada uno de ellos lleva en su mano derecha una sonaja *chicahuaztle* propia de las deidades del agua y en la derecha una jarra efigie decorada con una máscara que nos recuerda los rasgos de Tláloc. Dichos atributos asocian a estos personajes con los *tlaloques,* divinidades menores del agua. LC

102

ESCULTURA DE CHALCHIUHTLICUE
Mexica. Postclásico tardío
Piedra (basalto)
81.5 × 40 × 34 cm
MNA, INAH, México, D.F.
[10-222905]
Cat. 103

Su nombre quiere decir "la de la falda de jade". Su fiesta se celebraba en el mes *Atlacahualo,* que quiere decir "carencia de agua", y en la que se sacrificaban niños para procurar la dispensa de los beneficios de esta diosa. Chalchiuhtlicue era representada como una joven doncella, con su faldellín y su *quexquémitl* o blusón; sobre su cabeza una banda que en los códices está pintada de azul y blanco, con dos borlas cayendo a los lados del rostro. Su nombre calendárico es *Chichuei-Malinalli* —8-Yerba— y su devoción se manifestaba entre los pescadores, los que transitaban en canoas por canales, ríos y lagos y por los campesinos, entre otros. Esta escultura representa a la deidad con algunos de los atributos ya descritos. Entre sus manos sostiene un recipiente. Las formas de esta escultura se contienen dentro de un rectángulo, respondiendo a su carácter monolítico. Manos y pies están magnificados en relación al resto del cuerpo, lo mismo que la cabeza, en la que destaca la firmeza de sus rasgos indígenas. LC

MÁSCARA DE CHALCHIUHTLICUE
Mexica. Postclásico tardío
Piedra verde
37 × 17.5 cm
MNA, INAH, México, D.F.
[10-15717]
Cat. 104

El uso de la máscara en el México prehispánico era habitual; el hombre se convertía en poseedor de las cualidades del ser cuya máscara portaba. De ese modo se adoptaba otra personalidad diferente a la de la realidad cotidiana, como una especie de fuga en la búsqueda del otro Yo. Existen dos tipos básicamente: la máscara propiamente

103

104

dicha, con orificios en los ojos y que se portaba sobre la propia cara, empleada en todo tipo de ritos y ceremonias, y las máscaras-rostro, de carácter funerario. Estas últimas eran aderezadas con incrustaciones de diversos materiales para simular ojos y dientes; en ocasiones portan adornos, como las orejeras, e inclusive algunas muestran orificios en los que se tejían mechones de pelo o adornos de papel o plumas, todo lo cual les confería un gran realismo. Existe un tipo de máscaras en pequeño formato, que se usaban como pectorales, y otras manufacturadas en metal.

Las máscaras-rostro generalmente no son retratos y el uso funerario que se les daba queda comprobado hasta el momento. Otras máscaras de uso ritual son las representaciones de dioses. La máscara de Chalchiuhtlicue de la colección del Museo Nacional de Antropología representa el rostro de la diosa del agua hecho en piedra verde, llevando un tocado en la cabeza y con incrustaciones de turquesa en las mejillas, mismas que se han perdido. Las piedras verdes como el jade, la turquesa y la esmeralda, etc., se asociaban por su color con las deidades del agua. LC

105

NAPPATECUHTLI-XIUHTECUHTLI
Mexica. Postclásico tardío
Piedra
40 × 17 × 18 cm
MNA, INAH, México, D.F.
[10-116776]
Cat. 105

Nappatecuhtli es el "Señor de la estera"; es una divinidad asociada a los dioses del agua. Su nombre quiere decir "Cuatro veces Señor" y es uno de los llamados *tlaloques;* adorado por aquellos que fabricaban petates, *icpales* y demás enseres elaborados de las cañas y los juncos, como proveedor del agua necesaria para estos materiales. Algunos

investigadores plantean que si el nombre de una deidad se relaciona con el número cuatro, podemos tener la certidumbre de que se trata de una adoración a los puntos cardinales, y se dice que a Nappatecuhtli, Cuatro veces Señor, se le adoraba invocando los puntos cardinales para que allá mandara las lluvias. El hecho de que esta figura lleve algunos elementos iconográficos propios del dios Xiuhtecuhtli, podría reforzar esta idea pues el dios viejo o del fuego preside el centro, de donde parten los cuatro rumbos del universo. La figura de Nappatecuhtli que presentamos se encuentra sentada con las piernas flexionadas y ligeramente separadas; los brazos descansan sobre sus rodillas; porta un tocado, como el de

119

Xiuhtecuhtli, con dos protuberancias, una banda sobre la frente decorada con una serie de círculos concéntricos y papel plegado en la nuca. Su cuerpo está pintado básicamente de azul y franjas rojas con caracolillos blancos decoran algunas partes de su cuerpo. Su rostro se encuentra maquillado con una banda negra que a manera de máscara rodea la boca semidesdentada; líneas de pintura negra sobre fondo blanco simulan los ojos que dirigen la mirada hacia abajo. Luce nariguera y orejeras azules. Como puede apreciarse, esta figura es una combinación de dos deidades que tienen que ver con los rumbos del mundo. La posición del cuerpo, la boca desdentada y el tocado característicos de Xiuhtecuhtli, como deidad ubicada en el centro del universo, fundidos con el azul del agua y los caracolillos que definen a Nappatecuhtli como un *tlaloque* que se invocaba hacia los cuatro rumbos. LC

106

CHAC MOOL
Mexica. Postclásico tardío
Piedra (basalto)
74 × 108 × 45 cm
MNA, INAH, México, D.F.
[10-10941]
Cat. 106

El 29 de septiembre de 1943, en la esquina que forman las calles de Venustiano Carranza y Pino Suárez, fue encontrada esta escultura que muestra las características comunes a las figuras de Chac Mool; se trata de un hombre semiacostado, descansando sobre sus antebrazos, con las piernas flexionadas y la cabeza viendo a un lado, que se supone es el sur. Sobre su vientre, un gran *cuauhxicalli* sostenido por sus manos aguarda quizá los corazones de alguna ceremonia de sacrificio humano o una ofrenda al dios de la lluvia. Dicho recipiente está decorado con los llamados *quincunces* y bordeado por corazones invertidos. Sobre la superficie se halla una imagen de Tláloc con sus rasgos típicos. El personaje lleva un collar de varios hilos de cuentas, con una placa rectangular en el centro, que cae sobre su brazo, dada la posición que guarda su cuello. Muñequeras y ajorcas también hechas de cuentas adornan sus brazos y piernas. Los pies portan elaboradas sandalias adornadas con cuchillos en la parte del talón y se deja entrever parte del *máxtlatl* o taparrabos que pasa por sus caderas. La cabeza del personaje porta un tocado de plumas que cae por la espalda, adornado con un elemento en forma de flor; lleva orejeras y su cara luce una máscara con los atributos de Tláloc, el dios de la lluvia en el centro de México. En la parte inferior del bloque de piedra se encuentra la representación de Tlaltecuhtli, el dios de la tierra, con sus acostumbradas coderas y rodilleras formadas por caras fantásticas acompañado por un pez, un caracol y dos cuchillos. Recordemos que el dios Tlaltecuhtli se representaba en la parte inferior de algunas esculturas para estar ubicado en contacto con la tierra, como debe de ser. En esta obra vemos cómo los aztecas adoptan una figura de origen culturalmente muy distinto y de épocas alejadas entre sí, adaptándolas a las necesidades de su propio culto. LC

120

XIPE-TÓTEC EN CERÁMICA
Costa del Golfo. Postclásico
Cerámica
39 × 15 cm
MNA, INAH, México, D.F
[10-78143]
Cat. 107

Xipe-Tótec era una deidad
extremadamente importante. Simboliza la
primavera y por ello se le relaciona con
la fertilidad, la renovación y el cambio.
Los ritos a Xipe-Tótec eran sangrientos,
pues se llevaban a cabo desollando a las
víctimas para posteriormente vestir al
sacerdote de la tierra con esa piel
fresca y nueva.

Las representaciones del dios Xipe
muestran, siempre, a un personaje vestido
con otra piel humana, que se adivina ya
sea por las costuras, las uniones, la doble
boca y las dobles órbitas oculares o por
dobles manos y dobles pies.

La figura de cerámica a la que
haremos referencia es la representación
de lo que en apariencia es un
adolescente que porta la piel desollada
de un reciente victimado. Se aprecian
las dobles bocas y ojos. La figura se
encuentra sentada y se observa que la
piel del sacrificado llega hasta media
pierna. El dramatismo de la figura se
hace todavía más evidente por la cabeza
tornada hacia un lado, como en un gesto
teatral, que le otorga a esta pieza un
carácter especialmente distintivo.
LC

XIPE-TÓTEC
Mexica. Postclásico tardío
Piedra
93 × 37 × 16 cm
Museo Arqueológico de Apaxco. Instituto
Mexiquense de Cultura, Edo. de México
[I-10838]
Cat. 108

En este caso, el dios Xipe-Tótec esculpido
en piedra porta la piel sobrepuesta al
cuerpo como una malla, en cuya parte
posterior se observan tres nudos que la
detienen; por el frente tiene un adorno
hecho por cinco cortes que permiten
ver el cuerpo del dios por debajo de ella.
Su cara muestra la doble boca y doble
órbita ocular. Porta orejeras como únicos

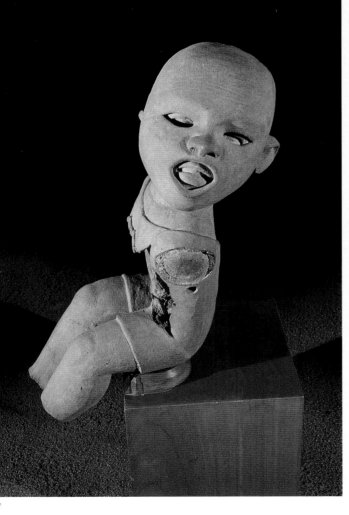

107

108

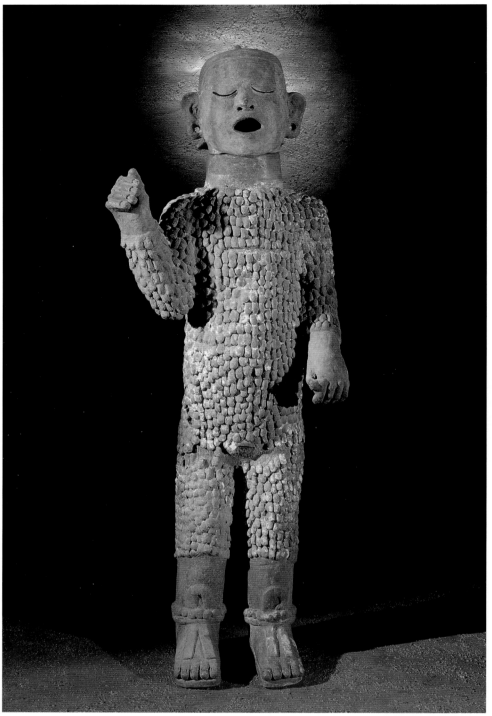

109

Debe haber resultado sumamente contradictorio para los primeros testigos europeos, el hecho de que un dios que requería de rituales de desollamiento fuese patrono de una de las actividades más delicadas que existen: la orfebrería. En efecto, Xipe-Tótec preside a los joyeros. Posiblemente su culto se remonte a Teotihuacan y su fiesta se hacía durante los días de marzo, en que se efectuaban las siembras. Como hemos apuntado, esta fiesta se llamaba *Tlacaxipehualiztli,* que quiere decir "Desollamiento de hombres". Durante las ceremonias, los sacerdotes vestidos con pieles humanas, interpretaban danzas dedicadas a la agricultura. El deseo de que la tierra se renueve y otorgue buenos frutos es el significado esencial de estos ritos. La escultura en cerámica policromada del Museo Regional de Puebla es similar en sus características esenciales a la descrita anteriormente, con la diferencia de que ésta lleva una piel que fue trabajada con textura, simulando la grasa que se encuentra adherida a la piel en su parte interna. LC

adornos. La figura ha logrado desprender uno de sus brazos del cuerpo, llevándolo hacia arriba, en actitud de detener algún emblema, como también es el caso de la figura 109 que veremos más adelante. Recordemos que el portar la piel del sacrificado sobre la propia tenía el significado de la renovación a través de la muerte para seguir viviendo. LC

XIPE-TÓTEC
Mexica. Postclásico tardío
Cerámica
97 × 35 × 24 cm
Museo Regional de Puebla, INAH, Puebla
[10-203061]
Cat. 109

BRASERO DE XIPE-TÓTEC CON
TOCADO
Mexica. Postclásico tardío
Cerámica
40 cm base ø 32 cm
MNA, INAH, México, D.F.
[10-2201]
Cat. 110

Esta pieza en cerámica muestra a Xipe-
Tótec, cuyo nombre quiere decir
"Nuestro Señor el Desollado", portando
un elaborado tocado sobre su cabeza,
compuesto de elementos almenados y una
banda frontal de círculos. La piel que
porta se representa por dos bandas que se
entrecruzan y se detienen en el frente por
un gran pectoral circular. De acuerdo a la
descripción que de este dios hace el fraile
Sahagún, Xipe es de color amarillo. Porta
una rodela de color igualmente amarillo y
un cetro donde se supone tiene su semilla.

    Los que descuidaban su culto se
enfermarían de sarna, postemas y otras
enfermedades en la cabeza y los ojos. En
caso de padecerlas, el enfermo hacía el
voto de vestir la piel de un desollado
cuando se celebraran los ritos de Xipe-
Tótec, durante la fiesta de
Tlacaxipehualiztli. LC

111

CHIMALLI DE YANHUITLÁN
Mixteca. Postclásico tardío
Oro y turquesa
7.7 × 8.3 cm; 46.19 gr
MNA, INAH, México, D.F.
[7-2685]
Cat. 111

Esta es la representacón de un escudo
indígena llamado *chimalli*. Proviene de
Yanhuitlán, en la zona mixteca de Oaxaca.
Está considerado como una de las obras
de orfebrería prehispánica más célebres y
en su elaboración se combinan las
técnicas de martillado, la filigrana y la
cera perdida. En la técnica de la cera
perdida, un núcleo de barro con la forma
del objeto a trabajar era recubierto por una
fina capa de cera y a su vez cubierto por
otra capa de barro con dos orificios. El
oro fundido era vertido por uno de los
agujeritos e iba desplazando a la cera que
salía por el otro agujero. Una vez
enfriado, se rompía la capa de barro y con
un elemento puntiagudo se rompía
también el núcleo. Esta sucesión de capas
que se colocan, cumplen su función y
desaparecen para dar paso a la obra

110

123

terminada, nos recuerda el proceso que sufre la tierra, que muda sus capas secas para dar lugar a la tierra reverdecida y fértil. El patrono de los orfebres era Xipe-Tótec.

El *chimalli* está compuesto por un círculo rodeado de hilos de filigrana que forman ondas apretadas semejando plumas. En su interior, una greca escalonada, típica del estilo decorativo mixteca, tiene como fondo pequeños mosaicos de turquesa. Acompaña al escudo un haz de cuatro flechas, cuyas puntas y extremos contrarios sobresalen a cada lado del círculo. De la parte inferior pende un grupo de once cascabeles tubulares. Esta pieza de inigualable calidad artística pone de manifiesto la gran maestría con la que los creadores mixtecos trabajaron la orfebrería. Ellos dieron fama y renombre a esta actividad que llegó tardíamente a Mesoamérica. LC

112-113

NARIGUERAS DE OBSIDIANA

Mexica. Postclásico tardío
Piedra (obsidiana)
9.8 × 3.3 × 0.7 cm
Museo del Templo Mayor, INAH, México, D.F.
[10-251264]
Cat. 112

Mexica. Postclásico tardío
Piedra (obsidiana)
14.3 × 2.8 × 1.7 cm
Museo del Templo Mayor, INAH, México, D.F.
[10-220247]
Cat. 113

Estas placas de obsidiana se localizaron en la ofrenda 13, bajo la plataforma de los templos de Tláloc y Huitzilopochtli, en la fachada principal del Templo Mayor, en lo que sería la etapa constructiva ivb (1469-1481). Se trata de dos objetos finamente trabajados en obsidiana verde, por las técnicas de desgaste y pulido. Tienen forma de "cola de golondrina" y se les conoce como "narigueras" por su semejanza con los elementos que se observan en las representaciones de dioses en las diferentes manifestaciones artísticas. Sin embargo, se han encontrado objetos similares a estos adornando, por ejemplo, el tocado, los brazos y el *máxtlatl* del dios Xipe-Tótec, o como adorno en algunos objetos utilizados en ciertas festividades religiosas. Es evidente, de cualquier manera, que estas placas son de carácter ritual. Recordemos que los atavíos de las divinidades mesoamericanas son complejos y cada elemento iconográfico que los compone tiene una carga simbólica específica, en muchas ocasiones determinada por el color, lo que obstaculiza su estudio sobre todo en el caso de la escultura, en la que la mayoría de la policromía se ha perdido. No obstante, algunos objetos son fácilmente reconocibles por su aspecto formal, como el caso de la representación de la piedra *chalchihuite,* por citar alguno. LC

PECTORAL DE ORO
Mixteca. Postclásico tardío
Oro
11.3 × 9.9 cm; 128.18 gr
MNA, INAH, México, D.F. [10-394602]
Cat. 114

"El que va alumbrando". Del sol dependía el acontecer de la vida; jugaba un importante papel dentro del proceso agrícola y por lo tanto la subsistencia misma del ser humano estaba determinada por su presencia. Según los mitos, el hombre fue creado para alimentar y adorar al sol y diariamente se le celebraba, especialmente durante los equinoccios y solsticios, pero su fiesta principal se celebraba en el día *Nahui Ollin* —Cuatro-Movimiento— de acuerdo con su desplazamiento cósmico. Por obvias razones, el oro se relacionaba con el sol. El metal se recolectaba en forma de pepitas que eran fundidas en hornos calentados con carbón y se vendía en los mercados dentro de cañas de pluma, de modo que pudiera verse el contenido con toda claridad. La cera perdida se combinaba con otras técnicas, como son el martillado, el chapeado, el forrado y la filigrana. Este pectoral de oro proviene de Zaachila, en la región mixteca. Está formado por un disco solar con sus rayos y con representaciones de punzones de sacrificio, alternándose unos con otros. En el centro, una deidad muestra un prominente vientre, en contraposición a los brazos y piernas que se muestran delgadas y que lucen pulseras y ajorcas. El dios porta un pectoral de dos hilos y cuentas redondas. De su tocado se desprende un par de mechones de pluma que caen a los lados. Una gran nariguera adorna su rostro y un par de orejeras circulares lo flaquean. Hacia la parte posterior del pectoral, se proyectan dos grandes lengüetas del mismo material, pero sin decoración alguna. LC

DOS XIUIHCÓATL DE ORO

Mexica. Postclásico
Oro
16.5 × 2.6 cm; 3.20 gr
MNA, INAH, México, D.F.
[10-3302] (7-2595-B)
Cat. 115

Mexica. Postclásico
Oro
16.5 × 2.6 cm; 3.47 gr
MNA, INAH, México, D.F.
[10-3302] (7-2595-A)
Cat. 116

El sol estaba personificado por un dios llamado Tonatiuh, aunque compartía muchos atributos con otras deidades, principalmente con Huitzilopochtli, quien decía "Por mí ha nacido el sol", en referencia a que siendo el dios de la guerra, de él dependía el alimento que proporcionaban los cautivos que morirían en sacrificio. Los animales asociados a Tonatiuh son principalmente el águila y las codornices, así como las mariposas de vistosos colores, a diferencia de las *itzpapalotl* o mariposas de obsidiana que se relacionan con la muerte. El astro tiene su paraíso al que van los guerreros y las

114

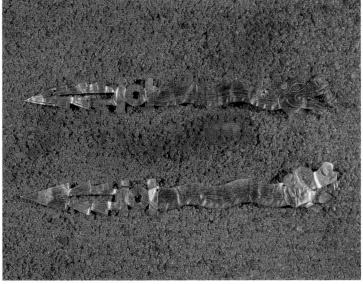

115-116

125

mujeres muertas de parto, como se verá más adelante. Las serpientes de fuego llamadas *xiuhcóatl* representan el rayo solar, son la coa divina que permite la generación de las plantas y cobran vida en estas dos placas de oro. Ambos diseños son idénticos. Se trata del perfil de una serpiente de fauces abiertas y colmillos salientes. Su cola se transforma en un rayo representado por tres elementos triangulares, a modo de puntas de flechas colocadas en serie y separadas del cuerpo del animal por dos barritas y un círculo. Estos símbolos del rayo solar están manufacturados en finas placas de oro, trabajadas con la técnica del martillado. Tienen unas pequeñas perforaciones, lo que indica que se utilizaron cosidas a la indumentaria. Provienen de excavaciones efectuadas en el Centro de la Ciudad de México, en la zona del Templo Mayor. LC

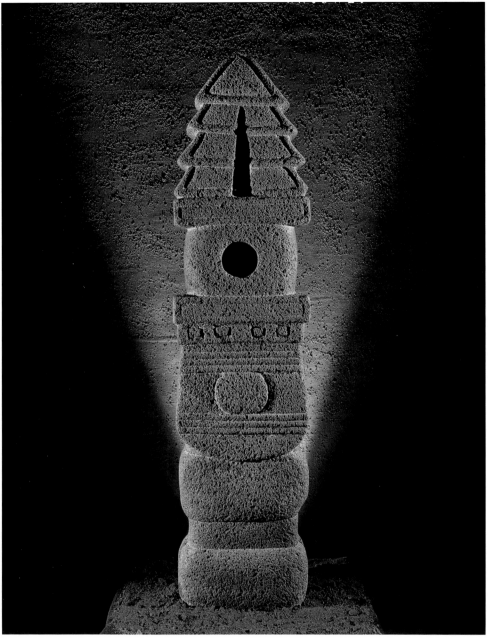

117

CETRO CON RAYO SOLAR
Mexica. Postclásico tardío
Piedra (basalto)
110 × 26.5 × 15 cm
Museo Arqueológico del Estado de México. "Dr. Román Piña Chan". Instituto Mexiquense de Cultura. Edo. de México
[A-52215]
Cat. 117

Esta escultura en piedra representa a un rayo solar; proviene del Museo de Teotenango. Como puede observarse, el simbolismo fálico se evidencia en toda la pieza. En la parte superior se encuentra superpuesta una serie de puntas de flecha. El rayo solar penetra la superficie y gracias a una acción concertada con los demás elementos que intervienen en el proceso de generación de vida, como el agua, es que la tierra brinda sus frutos al ser fecundada. Los diseños de *chicahuaztli* o bastones que se asocian a las deidades del agua son muy similares. LC

XOCHIPILLI
Mexica. Postclásico tardío
Piedra (basalto)
21 × 29 × 28.5 cm
Museo del Templo Mayor, INAH,
México, D.F.
[10-222122]
Cat. 118

Su nombre significa "Príncipe o Señor de las flores", por lo que se deriva que se subordina a las flores, teniendo bajo su cuidado su germinación. Su fiesta, llamada *Xochilhuitl,* era movible. Cuatro días antes de ella, hombres y mujeres celebraban ayuno, comiendo únicamente al mediodía. El día de la celebración decapitaban codornices y los asistentes se autosacrificaban con púas de maguey. Un sacerdote se vestía a la manera de la deidad. Con danzas y cantos celebraban el día del príncipe de las flores. Xochipilli era adorado principalmente en comarcas como Xochimilco, que desde tiempos prehispánicos era un invernadero y sembradío de flores; también era el dios patrono de los jugadores de *patolli,* que se jugaba con dados y semillas, sobre un petate pintado como tablero, así como de otro tipo de juegos. La cabeza de Xochipilli que se encuentra en la bodega del Museo Nacional de Antropología, porta un tocado de papel plegado y su tosca nariz se adorna con una nariguera en forma de garfios. Orejeras geométricas enmarcan el rostro de fuertes rasgos indígenas. Una suave línea bordea su frente para representar el nacimiento del cabello. LC

118

OFRENDA

XOCHIPILLI-MACUILXÓCHITL EN PIEDRA
Mexica. Postclásico tardío
Piedra (basalto)
95.5 × 35.5 cm
MNA, INAH, México, D.F.
[10-222236]
Cat. 119*

Esta escultura pétrea de Xochipilli-Macuilxóchitl se encuentra en posición sedente, con los antebrazos descansando sobre sus rodillas. Lleva sobre su cabeza el tocado característico en forma de cono. En el centro de su pecho una oquedad nos indica que hubo allí una incrustación, quizá de piedra verde, que representaba el corazón. Sahagún narra que este dios era adorado en las casas de los grandes señores de la nobleza. El día de su fiesta que se llamaba *Xochilhuitl,* llegaban al centro de la ciudad los esclavos y prisioneros que los Señores habían capturado y los guardaban para los sacrificios. La dieta de su ceremonia consistía en cinco tamales de maíz y diversos panes y tamales hechos de semillas de amaranto, en forma de mariposas, escudos y flechas e incluso de figurillas humanas. Esta pieza fue encontrada por Leopoldo Batres el día 13 de diciembre de 1900 en las excavaciones que emprendió en la calle de Escalerillas. Apareció rodeada de gran cantidad de instrumentos musicales y de representaciones de éstos hechas en diversos materiales, todos pintados de rojo cinabrio, que se describen a continuación. LC

VASIJA-TAMBOR
Mexica. Postclásico tardío
Cerámica
17 × 18 cm
MNA, INAH, México, D.F.
[10-79900]
Cat. 120*

CAPARAZÓN DE TORTUGA
Mexica. Postclásico tardío
Cerámica
6 × 13.5 cm
MNA, INAH, México, D.F.
[10-333158]
Cat. 121*

PIEDRA SONORA
Mexica. Postclásico tardío
Cerámica
6 × 14 cm
MNA, INAH, México, D.F.
[10-3841]
Cat. 122*

PIEDRA SONORA
Mexica. Postclásico tardío
Cerámica
8 × 11.5 cm
MNA, INAH, México, D.F.
[10-3838]
Cat. 123*

SONAJA
Mexica. Postclásico tardío
Cerámica
14.5 × 3.3 cm
MNA, INAH, México, D.F.
[10-15726]
Cat. 124*

TEPONAXTLI DE CERÁMICA
Mexica. Postclásico tardío
Cerámica
12 × 20.7 cm
MNA, INAH, México, D.F.
[10-3847]
Cat. 125*

TEPONAXTLI DE TEZONTLE
Mexica. Postclásico tardío
Piedra tezontle
9 × 19 cm
MNA, INAH, México, D.F.
[10-41932]
Cat. 126*

OMECHICAHUAZTLI DE
CERÁMICA (A)
Mexica. Postclásico tardío
Cerámica
3 × 16 cm
MNA, INAH, México, D.F.
[10-2845]
Cat. 127*

OMECHICAHUAZTLI DE
CERÁMICA (B)
Mexica. Postclásico tardío
Cerámica
18.7 × 3.6 cm
MNA, INAH, México, D.F.
[10-559558]
Cat. 128*

OMECHICAHUAZTLI DE HUESO (A)
Mexica. Postclásico tardío
Hueso
3 × 17.5 cm
MNA, INAH, México, D.F.
[10-116517]
Cat. 129*

OMECHICAHUAZTLI DE HUESO (B)
Mexica. Postclásico tardío
Hueso
5 × 34.2 cm
MNA, INAH, México, D.F.
[10-116524]
Cat. 130*

La música precortesiana alcanzó una etapa de desarrollo comparable a la de otras culturas contemporáneas europeas, asiáticas y sudamericanas, a saber por la suma de instrumentos musicales encontrados en las excavaciones que se han hecho en todo el territorio nacional. La música surge del pueblo y refleja sus creencias y costumbres, formando parte inalienable de su patrimonio cultural. La función de la música prehispánica no era la de provocar placer estético, sino la de despertar el fervor religioso, en un mundo plagado de dioses que necesitaban la ayuda de los hombres para sostener su poder; para tranquilizar su ira y para prodigar sus bondades; ese mismo fanatismo que los arrastraba a la piedra de sacrificio o al martirio para ofrecer su sangre y corazón como lo más preciado. Su carácter eminentemente colectivo permitió a la música ocupar un lugar protagónico en los ritos y ceremonias religiosas. Gracias a los estudios que muchos investigadores han emprendido, se ha derrumbado el mito de que la música prehispanica era extremadamente "primitiva", monótona, y que la escala pentafónica era la única conocida en Mesoamerica. Se han encontrado instrumentos que logran hasta ocho sonidos y el empleo de la armonía estaba muy evolucionado. Cualquier cantidad es poca para indicar la variedad de percutores, tambores, silbatos, flautas sencillas y hasta cuádruples que se desarrollaron en la America media. Este grupo de origen azteca está compuesto por instrumentos de percusión y de viento; las piedras sonoras, la sonaja, los raspadores y el pequeño *teponaxtli,* así como el caparazón de tortuga, son representaciones en barro; otro *teponaxtli,* miniatura esta hecho en piedra; la flauta de barro y los dos raspadores de hueso son instrumentos originales. LC

XOCHIQUÉTZAL
Xochicalco. Epiclásico
Piedra (andesita)
190 × 107 × 40 cm
Museo Cuauhnáhuac. INAH, Cuernavaca,
Morelos [S/N]
Cat. 131*

"La flor preciosa", "Pájaro Flor" o "Flor
emplumada" era el significado del nombre
de la diosa de las flores. Según algunas
fuentes, Xochiquétzal era la diosa de las
flores, los bailes y abogada principal de
las embarazadas, de las tejedoras,
bordadoras, pintores y la compañera de
Xochipilli. Personificaba, junto con las
demás deidades de la vegetación, al nuevo
crecimiento y por ende a la juventud y los
juegos. En los orígenes, fue la primera
mujer de Tláloc, el dios de la lluvia, y por
su hermosura fue raptada por
Tezcatlipoca. En el museo Cuauhnáhuac,
de la ciudad de Cuernavaca, se encuentra
una gran escultura monolítica que
representa a la diosa Xochiquétzal sentada
con las piernas cruzadas dentro de un
pequeño templo, con una especie de altar.
A los lados de su figura se encuentran dos
pilastras decoradas con grecas similares a
un textil. Sobre el dintel que pareciera un
gran tocado, siete puntos se suceden unos
a otros, sobre los cuales hay un elemento
arquitectónico con decoración floral. En
la base del altar, un grupo de flores y
mazorcas de maíz alternadas sirven de
trono. Los costados del monolito están
decorados con grandes plantas de maíz y
flores de cazahuate. La figura de la diosa
tiene sus manos sobre los muslos y su
quexquémitl cae sobre sus piernas,
desbordando la punta sobre el trono.
La figura proviene del templo de la
Malinche, en la zona arqueológica
de Xochicalco, estado de Morelos. LC

132

CHICOMECÓATL
Mexica. Postclásico tardío
Cerámica
45.5 × 34.5 × ø 36.5 cm
tapa: 5 × 5; ø 29.5 cm
Museo del Templo Mayor, INAH,
México, D.F.
[10-212977. 0/2]
Cat. 132

Chicomecóatl, "7-Serpiente", era la
patrona más importante de la vegetación;
por ello estaba considerada como la diosa
de los mantenimientos. Siendo el maíz el
alimento básico en la dieta
mesoamericana, presidía su cultivo de
manera preponderante, junto con las otras
deidades que estaban dedicadas a esta
planta.

Esta olla efigie muestra dos dioses
íntimamente relacionados con la
fertilidad; la mencionada Chicomecóatl y
el dios de la lluvia Tláloc, uno en cada
lado de la vasija, y este último pintado
también en la tapa. Con clara influencia
de la cerámica de Cholula, está decorada
en el típico estilo llamado "códice". La
"Diosa del maíz maduro", Chicomecóatl,
de la que resaltan su cara y pies, lleva en

la cabeza un tocado de plumas, sobre una placa frontal, y del que penden las características borlas que flanquean su rostro, policromadas en rojo y blanco; también porta orejeras. Las placas del tocado de la cabeza y del pectoral esquematizan, mediante ojos y picos, a un ave divina. El rostro de la diosa está maquillado en rojo, con bandas verticales de color negro en las mejillas.

En el lado contrario de la olla se encuentra pintado "el dios de la lluvia" Tláloc, con sus rasgos característicos consistentes en anteojeras, bigotera y colmillos. Algunos símbolos que aparecen en la olla son el *chalchihuitl* o piedra preciosa, formado por un gran círculo perforado y rodeado por cuatro círculos más pequeños, así como el símbolo del *octli,* "pulque", que está representado mediante una sucesión de volutas blancas con pequeñas rayas negras. La tapa también está decorada con la imagen de Tláloc, en actitud de verter agua que sale de un recipiente que porta en sus manos.

La vasija se localizó en la cámara III del Templo Mayor, en la etapa constructiva IVb, 1469-1481. LC

133

CHICOMECÓATL DEL CASTILLO DE TEAYO
Huasteca. Postclásico
Piedra
150 × 42 × 26 cm
MNA, INAH, México, D.F.
[10-157014]
Cat. 133

Las representaciones escultóricas de la diosa Chicomecóatl hechas en piedra, presentan similitudes sorprendentes que responden a la misma configuración iconográfica, basada sobre ciertas ideas y cánones visuales. Casi todas ellas están de frente, de pie y derechas, mirando hacia el frente a lo largo de un eje vertical; lo que da por resultado una perfecta semetría axial y la inmovilidad es una constante. La escultura huasteca que mostramos guarda esas características, que se repetirán con algunas variantes en las obras de factura azteca. Los atributos de la diosa del maíz se muestran con gran claridad: una falda y un *quexquémitl* como vestido y un gran tocado geométrico hecho de tiras de papel, adornado con dos flores en la parte superior. Esta pieza cuya verticalidad es más que evidente, logra cierta ligereza que se impone sobre su carácter monolítico. Procede de la zona de Castillo de Teayo, en Veracruz. LC

130

CHICOMECÓATL
Mexica. Postclásico tardío
Piedra (basalto)
141.8 × 76 × 28 cm
MNA, INAH, México, D.F.
[10-2239]
Cat. 134

CHICOMECÓATL CON MAZORCAS
EN LAS MANOS
Mexica. Postclásico tardío
Piedra roja
53 × 27.5 × 17 cm
MNA, INAH, México, D.F.
[10-224154]
Cat. 135

El culto a Chicomecóatl es antiquísimo y era concebida como patrona de la fecundidad de la tierra. En los códices aparece con su enorme tocado de papel, con el cuerpo y el rostro pintados de rojo, como también es el caso de la representación de cerámica de la colección del Museo del Templo Mayor (Fig. 132).

Como hemos apuntado, la verticalidad de este tipo de representaciones resulta una constante y, en gran medida, está determinada por el tipo de tocado característico de Chicomecóatl. Las constantes iconográficas que aparecen en la figura huasteca se hallan aquí presentes.

Estas dos figuras de la diosa están aprisionadas dentro de una estructura rectangular y son evidentes la planaridad y la frontalidad que las distinguen. Una de ellas porta en cada mano una doble mazorca de maíz, que en otras esculturas cede en importancia ante el gran tocado que ocupa el centro de atracción de la figura. LC

134

135

131

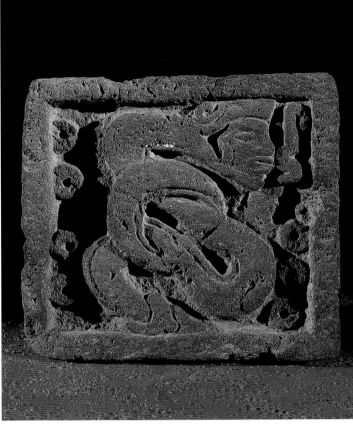

136

137

RELIEVE DE CHICOMECÓATL

Mexica. Postclásico tardío
Piedra (basalto)
29 × 31.5 × 11 cm
MNA, INAH, México, D.F.
[10-46464]
Cat. 136

El nombre de Chicomecóatl se traduce como "7-Serpiente" y responde a un lenguaje esotérico que se relaciona con las semillas. Las ceremonias dedicadas a esta divinidad se celebraban en el mes *Huei Tozotli,* entre los meses gregorianos de abril y mayo y que quiere decir "Ayuno prolongado". Durante esos ritos, los altares de las casas se adornaban con plantas de maíz y en los templos se bendecían las semillas de esta planta. La lápida de "7-Serpiente" que mostramos es una representación literal del nombre calendárico de la diosa. Presenta una serpiente ondulada de tal forma que se

enreda formando un nudo en la parte central del diseño. De las fauces del animal emerge la figura de una cabeza humana que se encuentra hablando, a saber, por el glifo que se encuentra frente a su boca y que representa la palabra. A los lados cuatro numerales de un lado y tres del otro, que suman siete, completan la escena, enmarcada toda dentro de un cuadrángulo irregular.
LC

XILONEN

Mexica. Postclásico tardío
Piedra (basalto)
19.8 × 13.4 × 11.8 cm
MNA, INAH, México, D.F.
[10-1010]
Cat. 137

Si Chicomecóatl era la diosa de los mantenimientos y por lo tanto la más importante de la vegetación, otras divinidades presidían el culto al maíz en sus diversas etapas de evolución. Entre ellas, destaca la figura de Xilonen, diosa del maíz tierno o "jilote". En julio se celebraban los ritos dedicados a esta diosa, en el mes náhuatl llamado *Hueitecuhílhuitl* —Gran fiesta de gobernantes—, y que duraba ocho días. Se sacrificaba a una mujer joven y después de ello el pueblo comía maíz tierno. Durante esos días, las mujeres se soltaban el cabello y lo adornaban.

Otras deidades del maíz son Centéotl
—dios del maíz en general— y la llamada
Ilmatecuhtli, diosa de la mazorca vieja
y seca.

La representación de Xilonen del
Museo Nacional de Antropología muestra
un sencillo tocado, del que asoma un
adorno de papel plegado que se detiene
sobre su nuca. Las borlas características
de los dioses de la vegetación están
presentes. Porta su *quexquémitl* con
iguales borlas de algodón. La figura se
encuentra sentada sobre sus tobillos, en
una postura muy característica de las
representaciones femeninas, sosteniendo
en cada mano una doble mazorca de
maíz. LC

138

PITAO COZOBI
Zapoteca. Clásico
Cerámica
55 × 32 cm
MNA, INAH, México, D.F.
[10-3292]
Cat. 138

La divinidad del maíz entre los zapotecas
era Pitao Cozobi. Porta un tocado
formado por la máscara de un animal
mitológico a su vez adornado con plumas.
A cada lado de dicha máscara se
encuentran sendas representaciones de
mazorcas de maíz. Bajo el enorme tocado
se observa el rostro del dios, con sus
orejas adornadas por las características
joyas. Luce un collar de un solo hilo de
cuentas, del que se desprende una capa
de plumas que cubre totalmente el
tórax y los brazos. LC

133

139

TRES DEIDADES DE LA VEGETACIÓN

Mexica. Postclásico tardío
Cerámica
13.5 × 16.5 × ø 11.9 cm
Museo del Templo Mayor, INAH,
México, D.F.
[10-251280]
Cat. 139

Mexica. Postclásico tardío
Cerámica
25 × 27.1 ø 23.5 cm
Museo del Templo Mayor, INAH,
México, D.F.
[10-168824]
Cat. 140

Mexica. Postclásico tardío
Cerámica
54 × 49 cm
MNA, INAH, México, D.F.
[10-1125]
Cat. 141

La multiplicidad de representaciones de
deidades de la vegetación o de la
fertilidad, da muestra de la importancia
que para los pueblos agrícolas tenía la
siembra de alimentos necesarios para la
subsistencia. A los dioses se atribuye el
éxito o fracaso de las cosechas, y ellos
tienen la responsabilidad de proveer, con
su bondad, lo necesario. Al hombre le

correspondía agradecer y mantener en
buenos términos al dios, mediante ritos y
sacrificios complicados y plenos de
simbolismo.

Estas tres vasijas elaboradas en barro
representan deidades propias de la
vegetación, a decir por los elementos
iconográfios que las componen. El
atuendo, que se repite básicamente en las
tres obras, se compone de un tocado
formado por dos cuerdas trenzadas de
las que penden dos pequeñas borlas. De la
nuca se sostiene un adorno de papel
plegado, que sobresale a los lados de la
cabeza y que es típico de las deidades de
la fertilidad. Portan orejeras circulares y
doble collar.

134

En el centro del pectoral hay un gran disco que simboliza la piedra verde *chalchihuite,* enmarcado por representaciones de flores de verano, que son las que florecen al comienzo de las lluvias y constituyen el emblema de las diosas del maíz Xilonen y Chicomecóatl; la pieza correspondiente al Museo Nacional de Antropología lleva además mazorcas de maíz alternadas con las flores. En el interior de la vasija mediana se conservan restos de copal, por lo que se piensa que estos recipientes fueron utilizados como braseros para quemar la resina en los ritos de Tláloc y otras festividades relacionadas con la fertilidad. Las vasijas mediana y chica fueron localizadas en la plataforma sur de la etapa constructiva ivb del Templo Mayor; 1469-1481. La más grande pertenece a la colección del Museo Nacional de Antropología. LC

142

CALABAZA
Mexica. Postclásico tardío
Piedra (diorita)
16 × 36 × 17 cm
MNA, INAH, México, D.F.
Cat. 142

140

141

Se conocen muy pocos ejemplares de escultura fitomorfa. La calabaza de diorita verde que se encuentra en el Museo Nacional de Antropología es muy similar a otro ejemplar que se localiza en Estados Unidos. En ambos casos una estrella formada por pequeñas hojas remata uno de los extremos; en la de México el tallo es corto y en la otra es largo y retorcido. Destaca por el excepcional pulido que semeja casi a la perfección la textura fresca de la calabaza. Este fruto conformaba la base alimenticia de los pueblos mesoamericanos, junto con el frijol, el chile y el maíz. Posiblemente este tipo de piezas formaban parte de alguna ofrenda de carácter agrícola, o quizá ocupaban un importante lugar en la imaginería de los templos de las deidades de la fertilidad. LC

135

143

PULGAS

Mexica. Postclásico tardío
Piedra (basalto)
20 × 15 × 26.5 cm
MNA, INAH, México, D.F.
[10-41987]
Cat. 143

Mexica. Postclásico tardío
Piedra (basalto)
21.9 × 19.5 × 37.4 cm
MNA, INAH, México, D.F.
[10-41754]
Cat. 144

Muchos seres de la fauna mesoamericana
fueron representados en diversas
manifestaciones artísticas; algunos
asociados a otros dioses, como las arañas,
alacranes, etc., con Tlaltecuhtli, el dios
de la tierra; otros como las mariposas
negras, murciélagos, etc., a
Mictlantecuhtli, dios de los descarnados,
—especies compartidas por ambos en
no pocos casos—. Otros animales se
convirtieron en seres fantásticos, como

la serpiente de fuego de Huitzilopochtli
y uno, especialmente, se convirtió en dios:
la serpiente emplumada.

Los rostros de los dioses tienen, en
muchos de ellos, rasgos animales que
combinados les otorgaron características
sobrenaturales; hombres-tigres-pájaros-
serpientes invaden el pensamiento
mesoamericano; se adquieren las
cualidades de estos seres para tratar de
dominar y entender a la naturaleza misma.
De este modo, la fauna cobra una
importancia vital, siendo parte del entorno
que comparte con el hombre, al que
incluso sustenta como alimento. Baste
recordar el chapulín mexica o las
múltiples representaciones de ranas,
conejos y perros, por citar algunos
ejemplares. Las pulgas a las que hacemos
referencia son dos ejemplares que han
sido identificados como tales. El ejemplar
con la prominencia en la boca proviene de
las excavaciones que se efectuaron en las
calles de Meave y Eje Central, en 1943.
Aunque las pulgas son un insecto parásito
del hombre y otros animales, el hecho de
que se alimente con sangre puede dar
sentido a su interpretación. LC

144

145

CARACOL
Mexica. Postclásico tardío
Piedra basáltica
51 cm × 75 cm ø 101 cm
Museo del Templo Mayor, México, D. F.
[10-208251]
Cat. 145

Esta escultura de un caracol marino es
una de las manifestaciones artísticas más
excelsas de la escultórica mesoamericana.
Representa una especie del género
Strombus gigas o caracol de ala,
abundante en el Golfo de México
y en los mares del Caribe mexicano.

El caracol marino es uno de los símbolos
más profundos en contenido filosófico y
cuenta con una tradición mística
ancestral. La antigua filosofía mexicana
explica al caracol como un signo de
generación, nacimiento y origen, es decir,
de la vida.

Quetzalcóatl, dios procreador del
género humano, porta como principal
atributo la representación de un caracol;
algunas veces en corte transversal o
longitudinal. Por su origen, al caracol
se le relaciona también con los dioses
del agua como Tláloc y demás deidades
asociadas. En las ofrendas a este dios,
caracoles y conchas marinas rodeaban

profusamente la imagen de la divinidad.
El caracol marino era también utilizado
como instrumento musical, cuyo sonido
desgarrador dominaba los rituales del
México antiguo.

Esta escultura hecha en piedra de
basalto, cuyos tonos oscilan entre el gris
y el sutil rosado, sobresale por su
naturalismo y armonía de formas;
de su ápice parten líneas incisas que
van ampliándose a medida que
descienden. La técnica empleada fue
la del corte y desgaste. El movimiento
y la perfecta proporción, logrados con
gran maestría, da a esta obra un carácter
artístico insuperable. LC

CONEJO SENTADO

Mexica. Postclásico tardío
Piedra (andesita)
33 × 22 × 37 cm
MNA, INAH, México, D.F.
[10-81666]
Cat. 146

146

Tochtli era el nombre del octavo día de la veintena del calendario, así como el primero de los años que, alternando trece veces, suman los 52 años del siglo mesoamericano. Este animal es protagónico en algunos mitos; entre ellos, el más conocido, el del Nacimiento del Quinto Sol. En una de sus versiones se habla de que una vez habiéndose arrojado Nanahuatzin y Tecuciztécatl al fuego divino para surgir como Soles, ambos resplandecían con igual fuerza. Entonces Quetzalcóatl tomó una bolsa hecha con piel y forma de conejo y le asestó con ella a uno de los astros, quien se convirtió en la Luna y por ello tiene en su faz la figura de un conejo. Las representaciones de conejos son profusas, tanto en cerámica como en pintura mural y de códices, no estando excluida la escultura, en cuya técnica se talló la representación de este animal que se muestra acechante, sentado con las patas delanteras retraías y la cabeza proyectada hacia adelante, con gran naturalismo. LC

VASIJA EN FORMA DE CONEJO

Mexica. Postclásico tardío
Piedra (basalto)
24.1 × 14 × ø 10.5 cm
MNA, INAH, México, D.F.
[10-1005]
Cat. 147

Ome-Tochtli es el nombre de una de las divinidades del pulque, su nombre significa 2-Conejo. Quien nacía en ese día del calendario, estaba predispuesto a ser un gran bebedor y aficionado a los juegos, según relata el fraile Sahagún en su *Historia general de las cosas de la Nueva España*. La vasija que mostramos tiene la forma de un conejo echado, y probablemente sirvió como recipiente de pulque para emplearlo en ceremonias rituales. LC

147

CABEZA DE SERPIENTE

Teotihuacana. Clásica
Piedra volcánica
182 × 40 × 73 cm
Museo de sitio de Teotihuacan, INAH,
Estado de México
[10-411138]
Cat. 148

Se trata de una escultura de bulto cuya función es de clavo arquitectónico hecha en piedra volcánica, con la representación de la cabeza de una serpiente muy estilizada. Está proyectada de frente. Semeja la estructura de un bloque rectangular. Tras ella se aprecia la espiga que sirvió para empotrar la pieza en el muro.

Tiene las órbitas de los ojos en forma circular, rodeados por un círculo a manera de anteojera. La ceja en forma de doble banda se curva sobre el ojo y se prolonga hacia los lados y hacia atrás, enroscándose como una especie de banda de plumas. La nariz, de corte rectangular, se proyecta hacia el frente con la punta más ancha y cuadrada, en cuyo frente se observan dos orificios semejantes a los de los felinos. Al frente de la nariz salen dos bandas en altorrelieve que forman la comisura de los labios. Tiene las fauces abiertas, en donde se aprecian seis pares de colmillos, simétricamente dispuestos, en cuyo centro sale la lengua bífida, que en este caso se encuentra mutilada. En la parte superior de los labios, hacia cada lado, se aprecia un abultamiento semicircular con una banda en relieve que semeja plumas. Esta escultura pertenece a los tableros del Templo de la Serpiente Emplumada, conocido como Pirámide de Quetzalcóatl, en Teotihuacan. En dichos tableros, las otras cabezas van rodeadas por un resplandor que simula plumas o los pétalos de una flor. Van acompañadas de otro personaje comúnmente asociado a Tláloc, así como de conchas y caracoles marinos. MAT

148

SERPIENTE ENROSCADA
Mexica. Postclásico tardío
Piedra (basalto)
49 × 86 cm
MNA, INAH, México, D.F.
[10-81665]
Cat. 149

Como hemos apuntado, el culto a la serpiente es antiquísimo y conforme pasaron los siglos y la evolución religiosa fue siendo cada vez más complicada, se le fueron atribuyendo cualidades que incluso son sobrenaturales; serpientes de fuego o provistas de plumas recorren las religiones mesoamericanas.

La serpiente más comúnmente representada era la de cascabel. Incluso ninguna otra especie representa a Quetzalcóatl. Muy similar a otra obra que se encuentra en el Museo Británico, esta serpiente se enrosca hacia arriba, quedando la cabeza en la parte superior.

Las fauces abiertas muestran toda su estructura con mucho realismo: la cabeza descansa sobre el cuerpo en una de sus vueltas y de sus fauces abiertas emerge la lengua bífida. El crótalo está trabajado en segmentos que van disminuyendo en tamaño conforme se acercan al final. El pulido de la piedra es extraordinario y las formas sinuosas que logró el escultor son ejemplo de la capacidad artística que el mundo prehispánico legó para nuestro disfrute, aunque no fuera su propósito. LC

149

SERPIENTE POLICROMADA
Mexica. Postclásico tardío
Piedra (basalto)
29 × 55 ø 70 cm
Museo del Templo Mayor, INAH,
México, D.F.
[10-168847]
Cat. 150

El culto a la serpiente tuvo profundas raíces entre los pueblos mesoamericanos. Su vinculación con la tierra y el concepto de fertilidad convirtió a este animal en figura central de pueblos principalmente agrícolas. Existen representaciones de gran calidad artística; unas con un tratamiento formal ciertamente naturalista y otras con características y matices fantásticos, a las que se les atribuyeron poderes sobrenaturales, pues estaban directamente relacionados con determinados dioses. En este caso, el animal se encuentra enroscado en dos y medio tramos, mostrando en el anillo superior la cabeza con las características escamas elaboradas en alto relieve y pintadas sobre una fina capa de estuco en colores blanco y negro sobre amarillo. Muestra sus fauces abiertas pintadas en color rojo. La postura de su cuerpo conforma un gran recipiente, cuya función se desconoce. Esta escultura procede de las excavaciones del Templo Mayor y está fechada hacia el año 1500. LC

150

COYOTE ECHADO
Mexica. Postclásico tardío
Piedra (andesita)
28 × 48 × 46 cm
MNA, INAH, México D.F.
[10-1100]
Cat. 151

El coyote es un mamífero rapaz, que estaba relacionado con la sexualidad humana y la propiamente animal. Su característico hocico y orejas puntiagudas se representan con mucho realismo en esta escultura, en la que el animal se encuentra echado en una postura muy similar a la del jaguar, que veremos enseguida. Su larga cola se prolonga por la parte inferior de la escultura y su largo y denso pelaje está representado por medio de incisiones ondulantes que le otorgan a la superficie gran movimiento. Su hocico semi-abierto muestra los colmillos en una actitud acechante. Parte de su espalda se encuentra descarnada, dejando ver las costillas. LC

152

JAGUAR ECHADO
Mexica. Postlcásico tardío
Piedra (andesita)
26 × 44 × 40 cm
MNA, INAH, México D.F.
[10-81642]
Cat. 152

El culto al jaguar se remonta a los orígenes de la cultura misma. Los olmecas fueron llamados la "cultura del jaguar", pues una de las características formales que los distinguieron son los rasgos felinos que se manifiestan en las representaciones humanas. Llamado *ocelotl*, los aztecas ubicaron a este felino dentro de uno de sus más importantes mitos, el de la creación del Quinto Sol. Tras el sacrificio de Nanahuatzin y Tecuciztécatl, narrado en la figura 54 y después de haberse arrojado al fuego también el águila, un *ocelotl* la sigue y por ya no encontrar avivado el fuego sagrado, salió con su piel manchada. Esta representación muestra a un felino echado, con las caderas ligeramente levantadas y una de sus patas flexionada

151

142

153

hacia arriba. Sus patas delanteras se hallan una junto a la otra, mostrando sus filosas garras. La cabeza tiene el hocico entreabierto evidenciando sus dientes. Muestra oquedades en los ojos que posiblemente tuvieron incrustaciones para simularlos. Su piel manchada se manifiesta por medio de un excelente trabajo escultórico que devastó la superficie de la obra con pequeños círculos texturados diseminados por todo el cuerpo; al igual que la figura 151 se encuentra semidescarnada. LC

RELIEVE DE JAGUAR
Mexica. Postclásico tardío
Piedra
75 × 68 × 20 cm
MNA, INAH, México D.F.
[10-2237]
Cat. 153

Ocelotl era el nombre del catorceavo día de las veintenas—calendario solar—, así como el de la segunda trecena del *Tonalámatl* —calendario ritual—. Su jeroglífico era la cabeza de un jaguar. Además de la orden de los Guerreros Águila, los Guerreros Tigre también se distinguían por su valor y gozaban de los privilegios que ofrecía el formar parte de

la alta jerarquía militar. El nahual de Tezcatlipoca, patrono de los guerreros, es justamente un jaguar que representa al cielo nocturno, por sus características manchas que semejan estrellas. El jaguar es identificado así mismo como el *tepeyolotl* o "corazón de monte". Mostramos un relieve que representa a un jaguar sentado de perfil, de cuya boca sale la vírgula de la palabra dividida en dos corrientes, una ascendente y otra descendente que termina en espiral. Tras su espalda se ubica otro símbolo similar. Posiblemente las manchas características de la piel del jaguar fueron simuladas mediante la pigmentación que, desafortunadamente, se ha perdido.
LC

LÁPIDA DEL ÁGUILA
Mexica. Postclásico tardío
Piedra (tezontle)
34 × 44 × 12 cm
MNA, INAH, México, D.F.
[10-1079]
Cat. 154

En el México antiguo, el águila era la representación simbólica del Sol. Su culto se remonta a épocas muy antiguas. Cuenta el mito del Nacimiento del Quinto Sol en Teotihuacan, que cuando se arrojaron Nanahuatzin y Tecuciztécatl a la hoguera divina, un águla se arrojó también; por ello tiene las plumas hoscas y ennegrecidas. El águila estaba considerada como la más valerosa de las aves y la del vuelo más alto; por lo tanto, la más cercana al astro. El Sol era concebido como el guerrero supremo, pues lucha contra los poderes oscuros que cada noche lo invaden todo, para salir victorioso al siguiente día; lo que explicará la estrecha identificación que se da entre ambos, águila y sol, en el pensamiento místico-guerrero de los aztecas. Una de las órdenes militares más importantes de la organización castrense azteca era precisamente la de los Guerreros Águila, los guerreros del Sol. El relieve mexica que presentamos es la representación de un águila con las alas extendidas y su cuerpo de perfil; con las plumas simuladas a base de pequeños mosaicos esculpidos en relieve, algunas de las cuales terminan en cuchillos de pedernal. Esta característica quizá nos permite leer un mensaje que habla de sacrificio humano en honor al Sol.
LC

154

COPA DE ZAACHILA
Mexica. Postclásico
Cerámica
7.6 × 9.7 × ø 7.7 cm
MNA, INAH, México, D.F.
[10-78269]
Cat. 155

En un mundo plagado de dioses y leyendas, la referencia a la mitología es indispensable para descifrar un poco más el significado de aquello que intentamos comprender. Cuando los hombres morían en sacrificio, en el campo de batalla, o las mujeres morían a causa del parto, sus almas iban a acompañar al Sol; como se ve más ampliamente en el capítulo dedicado a la muerte en el mundo prehispánico. A los cuatro años, se daba el portentoso fenómeno de la reencarnación. Aquellos valerosos guerreros se convertían en mariposas de vivos colores y en colibríes de ágil vuelo, seres por lo tanto asociados al sol. Una copa procedente de Zaachila, en la región oaxaqueña, presenta a un pequeño colibrí parado en el borde en actitud de libar. El simbolismo que se revela es el del colibrí como representación del Sol, que desciende para beber la sangre del sacrificio. En el pensamiento azteca, Huitzilopochtli era simbolizado por un colibrí, de hecho su nombre significa "Colibrí zurdo" y era también la encarnación del sol. La copa a la que hacemos referencia quizá ya tiene relación con esa tradición, pues aunque el culto a ese dios era exclusivo de los pueblos de Anáhuac, el proceso de aculturación entre nahuas y mixtecos era evidente.
LC

155

LOS DIOSES DE LA MUERTE

"¿A dónde iré?
¿A dónde iré?
El camino del Dios Dual.
¿Por ventura es tu casa en el lugar
de los descarnados?
¿Acaso en el interior del cielo?
¿o solamente aquí en la tierra
es el lugar de los descarnados?"[1]

(*Cantares Mexicanos*: fol. 35.)

En estas breves palabras originalmente escritas en nahua encontramos en los *Cantares Mexicanos* referencia clara de los tres niveles que conforman la estructura universal de los pueblos nahuas. Ante la incertidumbre que presenta para el cantor el destino final del hombre y del lugar que se le deparará después de la muerte, vemos una sola afirmación: el camino del Dios Dual. Lo anterior nos lleva a la obligada pregunta: ¿por qué el concepto de dualidad? ¿Qué se le deparaba al individuo después de la muerte? ¿Qué dioses se encontraban en el lugar de los muertos y cuáles eran sus atributos? Veamos a continuación las posibles respuestas a estas interrogantes basándonos tanto en el dato arqueológico como en el que nos proporcionan las fuentes escritas.

LA DUALIDAD VIDA-MUERTE

Si se desea comprender —por lo menos en parte— el pensamiento prehispánico acerca de la estructura universal y de cómo se concebía el mundo, debemos partir del principio fundamental de la dualidad. Ya nos había hablado López Austin páginas atrás de cómo los pueblos nahuas concebían el universo circundante. Es así como la observación cotidiana, el conocimiento empírico de estos pueblos les permitió conceptualizar ese orden universal en el cual la idea de la dualidad vida-

◄ Catálogo 158. Detalle.

147

muerte era esencial. El observar que había una temporada de lluvias en que todo florecía y una de secas en que faltaba el líquido vital y todo moría, llevó al hombre a dividir su propio calendario en esas dos partes presentes a lo largo del año trópico, divididas por las festividades dedicadas al dios viejo y del fuego, Señor del año: Huehuetéotl-Xiuhtecuhtli. El concepto dual también quedaba expresado en el principal templo azteca: el Templo Mayor. Si vemos las características del edificio y los dioses que lo presidían, será fácil encontrar en él la esencia de la estructura universal además de los lugares a los que irían los individuos —o su *teyolía*, especie de "alma"— después de la muerte.

En efecto, el edificio del Templo Mayor encierra en su propia arquitectura la concepción universal: la parte alta es la dualidad vida-muerte expresada en los adoratorios de Tláloc (dios del agua) o de Huitzilopochtli (dios de la guerra); los cuatro cuerpos de la pirámide son otros tantos niveles celestes de ascenso que llevan a la dualidad. En cambio, la plataforma sobre la que se asienta el edificio la consideramos como el nivel terrestre, aquel en que vive el hombre y en donde se ha encontrado el mayor número de ofrendas a los dioses. Las cabezas de serpiente localizadas refuerzan esta idea. A ello hay que agregar que ambos lados del Templo se conciben simbólicamente como dos cerros sagrados: el de Tláloc corresponde al Tonacatépetl, el cerro en que se encuentran depositados los granos de maíz y el alimento del hombre, celosamente guardados por los *tlaloques*. El del lado de Huitzilopochtli es el Coatepec, el "cerro de la serpiente", en donde se llevó a cabo el combate entre el dios solar y de la guerra y su hermana Coyolxauhqui, lucha que simboliza el triunfo diario del astro diurno sobre la Luna y los poderes nocturnos representados en la diosa decapitada y desmembrada. Pero más aún, el Templo Mayor es el lugar de mayor sacralidad, es el *axis mundi*, el centro de la concepción universal de este pueblo. Ya hemos señalado cómo por el Templo Mayor se puede subir a los niveles celestes o bajar al inframundo; de él parten los cuatro rumbos del universo. De allí que, como paso hacia el Mictlán, el lugar de los muertos, estos cerros se constituyan en los dos cerros de que nos habla el mito que es necesario atravesar para iniciar el recorrido hacia el inframundo. De ahí la idea de que sean "dos cerros que chocan entre sí". En relación a lo que decíamos antes, en el Templo Mayor están expresados los sitios a los que se iría después de la muerte: el Tlalocan o lugar del dios del agua; el Sol representado en Huitzilopochtli y al que iban los muertos en combate o sacrificio y las mujeres muertas en parto. A través de él, como se dijo, se entraba al inframundo para llegar al Mictlán.

Antes de continuar nuestro recorrido al mundo de los muertos, dejemos sentado que la idea de dualidad es la base fundamental para entender el pensamiento prehispánico acerca del universo. Queda claro, entonces, que este concepto se manifestó desde épocas muy tempranas en los distintos pueblos mesoamericanos en figuras de doble cabeza o en rostros en que la mitad de la cara se muestra descarnada y la otra con piel; queda expresado también en el calendario mismo que regía la vida diaria del hombre prehispánico e inclusive en edificios que, como el Templo Mayor, no eran nada más templos sino que encerraban en sí mitos, simbolismos y esencias ancestrales que cobraban forma a través de la arquitectura, la escultura, la pintura y las ofrendas en él encontradas.

Ahora bien, esta idea de vida-muerte-vida se entendía como un ciclo constante tal como se apreciaba en la naturaleza. A la temporada de lluvias y de vida seguía la de secas y su consecuencia: la muerte. De ésta, a su vez, iba nuevamente a surgir la vida. Era así como el hombre prehispánico tenía una diferente concepción del tiempo, del transcurrir, del devenir en que los dioses jugaban un papel determinante. Había que mantener el equilibrio universal y de allí los rituales, la oblación a los dioses y el tratar por diferentes medios de mantener el orden del universo. De allí la explicación del sacrificio humano: de la muerte surge la vida. De esta manera el hombre muere para que a la vez vuelva a nacer la vida.

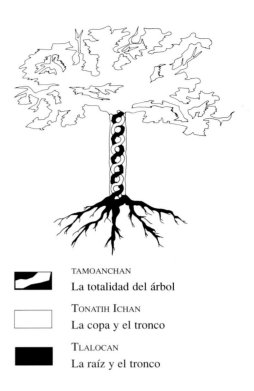

TAMOANCHAN
La totalidad del árbol

TONATIH ICHAN
La copa y el tronco

TLALOCAN
La raíz y el tronco

Tomado del libro de Alfredo López Austin, *Tamoanchan y Tlalocan*, 1994.

EL MUNDO DE LOS MUERTOS

Al hombre, al morir, se le destinaba alguno de los tres lugares conforme al género de muerte: acompañar al Sol, el Tlalocan o el Mictlán. El primero se le deparaba, como ya se señaló, a los guerreros muertos en combate o sacrificio y a las mujeres muertas en parto, ya que se consideraba esto último como una guerra en que el niño era el prisionero. Los guerreros acompañaban al Sol desde su nacimiento por el oriente hasta el mediodía, en tanto que las mujeres lo hacían desde el mediodía hasta el atardecer. Por eso a este último rumbo del universo se le llamaba Cihuatlalpam o rumbo de las mujeres.

Al Tlalocan iban todos aquellos individuos muertos en relación al agua, incluidos los que morían por un rayo. Se le describe como un lugar de eterno verano y de verdor constante. En él residían el dios del agua y sus ayudantes, los *tlaloques*.

El Mictlán era el noveno y último nivel del inframundo. A él iban quienes morían de muerte natural o de enfermedades no relacionadas con agua. Había que pasar por diversos lugares de acechanzas como leemos en Sahagún en su "Libro Tercero" o como nos lo dice el *Códice Vaticano* 3738. Según el fraile cronista, se pasaba un río, dos cerros que chocan entre sí, el lugar de la culebra que guarda el camino, el lugar de la lagartija verde, ocho páramos, ocho collados, el lugar del viento frío de navajas, atravesar el río Chignahuapan y llegar, finalmente, al Mictlán.[2] Aquí residía una dualidad, Mictlantecuhtli y Mictlancíhuatl, Señor y Señora del mundo de los muertos, en claro equilibrio con la dualidad que presidía el Omeyocan o treceavo cielo: Ometecuhtli y Ometecíhuatl, Señor y Señora Dos.

Según el *Códice Vaticano* 3738,[3] los lugares por los que pasaría el individuo para llegar al Mictlán eran: la tierra, el pasadero de agua, el lugar en donde se encuentran los cerros, el cerro de obsidiana, lugar del viento de obsidiana, lugar donde tremolan las banderas, lugar en donde es flechada la gente, lugar donde se comen los corazones; lugar de la obsidiana de los muertos y el Mictlán o sitio sin orificio para el humo.

Esta idea de nueve lugares o escaños nos ha llevado a plantear una hipótesis que trata de responder al porqué de concebir nueve pasos al inframundo. Pensamos que esto se relaciona con el conocimiento fisiológico del embarazo y el parto. En efecto, la primera señal que se tiene de que la joven está embarazada es la detención del flujo menstrual. Habrán de darse nueve detenciones menstruales para que después ocurra el nacimiento. No hablamos de nueve meses ya que esto no correspondía a la cuenta en el mundo prehispánico, en donde bien sabemos que los meses tenían 20 días. Pues bien, así como había las nueve detenciones referidas con los peligros de que se perdiera el producto, la primera señal de que el nacimiento estaba por darse era la salida del líquido amniótico en el cual había estado el feto, el rompimiento de la fuente. Ese río de agua no pasaba desapercibido para el médico prehispánico, ya que era lo que precedía a la vida. El nacimiento se acompaña también con sangre y otros humores. Si era varón, el cordón umbilical se enterraba en el campo de batalla, como una especie de liga mágica que atrajera al recién nacido a la guerra. Si por el contrario era niña, se enterraba junto al fogón en el interior de la casa. Pero siguiendo con nuestro relato, diremos que al momento de ocurrir la muerte del individuo, éste tenía que hacer el viaje de regreso al vientre materno, a su lugar de origen. Por eso se le colocaba en posición fetal y su *teyolía* tenía que emprender el viaje al Mictlán, para lo cual era necesario atravesar las nueve acechanzas y peligros ya mencionados, tal como ocurrió dentro del vientre materno. No es de extrañar, por lo tanto, que uno de los primeros lugares que hay que atravesar sea la corriente de agua.[4] Ahora bien, es importante considerar el papel que juega Tlaltecuhtli, Señor de la tierra, ya que a él le corresponde con sus grandes fauces y afilados dientes comer la carne y la sangre del muerto. Así nos lo relatan algunos cantos nahuas:

"El dios de la tierra abre la boca con hambre de tragar la sangre de muchos que morirán en esta guerra. Parece que se quieren regocijar el sol y el dios de la tierra llamado Tlaltecuhtli; quienes dan a conocer a los dioses del cielo y del infierno, haciéndoles convites con sangre y carne de los hombres que habrán de morir en esta guerra. Ya están en la mira los dioses del cielo y del infierno para ver quiénes son los que han de vencer... cuya sangre ha de ser bebida y cuya carne ha de ser comida."[5]

Con lo anterior queda claro que corresponde a Tlaltecuhtli alimentarse de la carne y sangre de los muertos. Es esa especie de *vagina dentata* que tritura a los hombres para que puedan pasar al mundo de los muertos. Esto vuelve a resultar significativo en cuanto al retorno del individuo a la matriz original, pues lo primero que habría que atravesar es la vagina materna. Diversos códices nos han dejado pintado al Señor de la tierra, Tlaltecuhtli, con sus enormes fauces devorando a un individuo.

Ahora bien, ¿cómo se concebía el Mictlán? Es importante aquí referirnos a la cueva, ya que este elemento tiene en sí la concepción dual. A través de la cueva se podía entrar al mundo de los muertos, pero también era lugar de nacimiento de hombres. Una vez más estamos ante la idea de vida y muerte presente en un aspecto tan relevante como lo fue la cueva. Recordemos cómo debajo de la pirámide del Sol en Teotihuacan se encuentra una cueva que motivó la construcción de este edificio en aquel lugar. A su vez la cueva se considera como matriz, al igual que la olla de barro: "la cueva, el *temazcal*, el útero materno donde se concibe, crece y nace el hijo, es también la vagina", nos dice Alcina Franch.[6] Muchas de las repre-

150

sentaciones conocidas de Tláloc, dios del agua, lo eran en forma de olla o de jarra, ya que contiene el líquido vital, el líquido amniótico que enviará a la tierra en forma de lluvia. Conocemos diversas representaciones en que un personaje toma al dios en forma de olla y arroja el agua a la tierra.

Pero volviendo a nuestro tema, diremos que la palabra Mictlán ha sido traducida de diferentes maneras. Se habla de que era un "lugar muy ancho; lugar oscurísimo; que no tiene luz ni ventanas". Se le conoce también con otros nombres como Ximoayan, "donde están los descarnados"; Atlecalocan, "sin salida a la calle", etc... Para los misioneros del siglo XVI era considerado como equivalente al infierno, aunque en el pensamiento nahua más bien se tenía como sitio en donde quedaban depositados los huesos de los antepasados. En los testimonios de la antigua palabra, los *huehuehtlahtolli*, vemos expresados con gran claridad los consejos de los padres a los hijos pero con una fuerte influencia cristiana. En el siguiente ejemplo el concepto acerca del Mictlán se parece más a la concepción católica del infierno:

"...cuando concluya su vida, irá a la región de los muertos, así por siempre allá arderá, llorará, pasará hambre, varias formas de tormento le serán dados. Será su gran desdicha para aquellos que vayan a la región de los muertos porque siempre allá recibirán su merecido, padecerán en vida, nunca terminará su tormento."[7]

En cuanto a la forma del Mictlán, ésta era acorde con la concepción del universo del que formaba parte. Así, tenía nueve escaños en sentido vertical y cuatro "espacios" en sentido horizontal, orientados conforme a los rumbos del universo. Esta idea aún persiste entre pueblos nahuas actuales como en San Miguel Tzinacapan en la sierra de Puebla, estudiado por Tim Knab. Es interesante constatar que entre los de San Miguel se le denomina Tlalocan al inframundo y las cuevas juegan un importante papel en relación al mundo de los muertos.

LOS DIOSES DE LA MUERTE

Para tener una idea clara de aquellas deidades que estaban relacionadas con el mundo de los muertos, es indispensable partir de lo que ya se ha expresado en cuanto al recorrido que hacía el individuo después de la muerte. El cuerpo se preparaba y se le colocaba en posición sedente antes del lapso en que se presenta la rigidez del mismo. Se le envolvía en mantas o en petates según su condición y se le colocaba en la boca una piedra verde a manera de corazón, o de obsidiana si era persona del pueblo. El bulto mortuorio era amarrado fuertemente y se le ponía una máscara a la altura de la cara. Al momento de preparar el bulto un anciano le dirigía al difunto estas palabras, según lo que nos relata Sahagún:

"Oh hijo, ya habéis pasado y padecido los trabajos de esta vida; ya ha sido servido nuestro señor de os llevar, porque no tenemos vida permanente en este mundo y brevemente, como quien se calienta al sol, es nuestra vida; hízonos merced nuestro señor que nos conociésemos y conversásemos los unos a los otros en esta vida y ahora, al presente ya os llevó el dios que se llama Mictlantecuhtli, y por otro nombre Aculnahuácatl o Tzontémoc, y la diosa que se dice Mictecacíhuatl, ya os puso su asiento, porque todos nosotros iremos allá, y aquel lugar es para todos y es muy ancho, y no habrá más memoria de vos…"[8]

Las palabras continuaban y al muerto se le derramaba agua a la vez que, al irlo amortajando con mantas y papel, se le decía de los lugares que debía de pasar en su viaje al Mictlán.

Por lo que hemos visto antes en relación a Tlaltecuhtli, Señor de la tierra, es posible que uno de los primeros pasos que se le presentaba al cuerpo era el de ser devorado (descarnado) para que en esa condición pudiera continuar su andar hacia el Mictlán. Ya hemos dicho que en lo más profundo del inframundo se encontraba la pareja de dioses del Mictlán, Mictlantecuhtli y Mictlancíhuatl, que como hemos observado en la cita anterior también se les denominaba con otros nombres, si bien hay autores que consideran que los nombres de Aculnahuácatl y Tzontémoc eran aplicados a otros dioses que habitaban en algunos de los niveles del inframundo. Alfonso Caso, en su libro *El pueblo del Sol*,[9] refiere que muchos eran los dioses que poblaban el inframundo además de los principales que ya hemos mencionado. Aparecen en parejas y nos han quedado los nombres de Ixpuzteque, "el de pie roto", y su esposa Nezoxochi, "la que arroja flores"; Nextepeua, "el que riega cenizas" y su esposa Micapetlacalli, "caja de muerto"; Tzontémoc y Chalmecacíhuatl, "la sacrificadora", además de Aculnahuácatl, al que ya nos hemos referido. Según el mismo autor estos dioses nos recuerdan aquellos que leemos en el *Popol-Vuh*, cuando los mensajeros búhos enviados por los Señores del inframundo invitan a Hunahpú y Xbalanqué para que bajen a Xibalbá, el mundo de los muertos de los mayas, para que jueguen a la pelota. Allí se encuentran a varias parejas de dioses del inframundo y pasan por diferentes lugares. El pasaje es interesante y dice así:

"Así fueron bajando por el camino de Xibalbá, por unas escaleras muy inclinadas. Fueron bajando hasta que llegaron a la orilla de un río que corría rápidamente entre los barrancos llamados Ni.zivan cul y Cuzivan, y pasaron por ellos. Luego pasaron por el río que corre entre jícaros espinosos. Los jícaros eran innumerables, pero ellos pasaron sin lastimarse.

"Luego llegaron a la orilla de un río de sangre y lo atravesaron sin beber sus aguas; llegaron a otro río solamente de agua y no fueron vencidos. Pasaron adelante hasta que llegaron a donde se juntaban cuatro caminos…

"…De estos cuatro caminos uno era rojo, otro negro, otro blanco y otro amarillo."[10]

Aquí es interesante hacer hincapié en la presencia de estos cuatro caminos que en realidad representan los cuatro rumbos del universo. Nuestros personajes se van por el camino negro que lleva a Xibalbá. El relato continúa más adelante enumerando distintos niveles por los que tienen que atravesar Hunahpu y Xbalanqué. Continúa así el relato:

Murciélago. Vasija maya.

"Los castigos de Xibalbá eran numerosos; eran castigos de muchas maneras.

"El primero era la Casa Oscura, *Quequma-ha*, en cuyo interior sólo había tinieblas.

"El segundo la Casa donde tiritaban, *Xuxulim-ha*, dentro de la cual hacía mucho frío. Un viento frío e insoportable soplaba en su interior.

"El tercero era la Casa de los tigres, *Balami-ha*, así llamada, en la cual no había más que tigres que se revolvían, se amontonaban, gruñían y se mofaban. Los tigres estaban encerrados dentro de la Casa.

"*Zotzi-ha*, la Casa de los murciélagos, se llamaba el cuarto lugar de castigo. Dentro de esta casa no había más que murciélagos que chillaban, gritaban y revoloteaban en la casa. Los murciélagos estaban encerrados y no podían salir.

"El quinto se llamaba la Casa de las Navajas, *Chayin-ha*, dentro de la cual solamente había navajas cortantes y afiladas, calladas o rechinando las unas con las otras dentro de la casa."[11]

Si nos fijamos con cuidado, veremos que mucho es el parecido con los lugares que hay que recorrer del inframundo nahua. En realidad, y como ya se ha manifestado, había comunes denominadores dentro de la religión prehispánica con variantes según la cultura en que se presentaba.

Muchas son las esculturas que se han encontrado de los dioses de la muerte, además del dato que ofrecen algunos códices. Se les representa descarnados, en forma de esqueleto y con el pelo encrespado. Tiene adornos de papel que asemejan rosetas con un cono alargado que sobresale. Así lo vemos representado en el *Códice Borbónico* y en varias esculturas, como es el caso del vaso encontrado en el Templo Mayor azteca hecho en piedra verde. También es de mencionar uno de los últimos hallazgos en este templo consistente en una figura de barro de 1.76 m de alto, que representa a Mictlantecuhtli en la posición antes dicha. El rostro y las garras son en realidad impresionantes. La cabeza tiene agujeros en los que seguramente se ponía pelo ensortijado como es común en estas deidades. En general la cultura azteca ha sido pródiga en representaciones de los dioses relacionados con la tierra y con el inframundo. Así, de Tlaltecuhtli conocemos diversas figuras y se le encuentra colocado en una posición inverosímil que da apariencia de un sapo. En brazos y piernas tiene cráneos como adornos y la cabeza tiene el pelo crespo. Sobre el rostro lleva una especie de antifaz que recuerda a Tláloc. De la boca surge, a manera de lengua, un cuchillo de sacrificios. El faldellín por lo general se adorna con cráneos y huesos cruzados. Por cierto, este dios no estaba a la vista sino que se le colocaba boca abajo, pegado a la tierra por ser el Señor de ella.

Las mujeres muertas en parto acompañaban al Sol en una parte de su recorrido y se han encontrado esculturas que se han identificado con ellas. Son las *Cihuateteo*, mujeres diosas, a las que se representa descarnadas del rostro, con el pelo crespo y las manos —o garras— en alto en actitud amenazante. Muestran los pechos y traen una falda como único atavío. Destacan por su calidad las del área de Veracruz elaboradas en barro y las mexicas de piedra.

No podemos dejar de mencionar a la fauna y flora que se relaciona con el mundo de los muertos. Es conocido que diversos animales, por sus características, correspondían a este mundo. Empecemos con el vampiro, succionador de sangre, que habita cuevas y sale en las noches, por lo tanto con una estrecha liga con el inframundo. Ya habíamos señalado que uno de los parajes o Casas que hay que pasar en el camino a Xibalbá es la Casa de los Murciélagos. Entre los zapotecos de Oaxaca había un culto especial al murciélago, el cual se llegó a representar en múltiples ocasiones. Una de las figuras más impresionantes que se ha encontrado recientemente es la del "hombre-murciélago", hallado en el pueblo de Miraflores, cerca de Amecameca. La figura antropomorfa tiene la enorme cabeza en forma de este animal y las manos y pies muestran las garras del mismo. La serpiente y la lagartija son mencionadas en otros tantos parajes que llevan al Mictlán, conforme a la versión nahua. En cuanto a otros mamíferos, en el *Popol-Vuh* se habla de la danza del armadillo por parte de los ancianos de Xibalbá. El perro también se asociaba directamente, pues ayudaba al individuo para cruzar los ríos de la región de los muertos. Por su parte, el jaguar también guarda asociación con el inframundo y la noche. Baste recordar el relato del *Popol-Vuh* en que una de las Casas o niveles está habitado por este felino. Entre las aves tenemos búhos y lechuzas que se asocian —aún hoy día— con la muerte. Ya hemos visto cómo los hombres-búhos son quienes invitan a los dos gemelos a viajar a Xibalbá. En los *huehuehtlahtolli* del centro de México también se hace referencia al hombre-tecolote. Dice así:

"Y cuando lo disponga Dios, entonces os arrojará en manos del hombre tecolote de la región de los muertos, el guardián de Dios de la casa de madera de la región de los muertos, si no tomáis bien lo que de Él viene."[12]

A lo anterior se une una serie de insectos en estrecha relación con los dioses de la muerte. Tal es el caso de arañas, alacranes, ciempiés y gusanos que en ocasiones se encuentran entre el cabello crespo de Tlaltecuhtli. Gusanos y abejas los vemos presentes en mitos como el de la bajada de Quetzalcóatl al Mictlán cuando va a buscar los huesos de los antepasados y llega frente a Mictlantecuhtli, quien hace sonar el caracol que perforan los gusanos y las abejas lo hacen sonar en su interior. Y qué decir de la flora asociada al inframundo. Recordemos que los árboles cósmicos tienen su raíz en el inframundo. Entre los mayas la ceiba es el árbol sagrado que se encuentra en los cuatro rumbos del universo y en el centro. Recientemente López Austin ha analizado lo relativo a Tamoanchan y Tlalocan, viendo la importancia que tienen ambos conceptos. Para este autor, Tamoanchan es el árbol cósmico "que hunde sus raíces en el Inframundo y extiende su follaje en el Cielo".[13] Es un árbol formado por un tronco dual, de forma helicoidal, que es uno al estar en el centro y cuatro al ubicarse a manera de los cuatro postes que separan el cielo del inframundo. Sin embargo, este árbol (Tamoanchan) se compone de la parte baja del mismo, llamada Tlalocan, y la parte celeste o Tonatiuh Ichan. El autor resume así estos conceptos:

Mictlantecuhtli. Códice Borbónico.

"Tamoanchan y Tlalocan, sitios de niebla, se revelan como partes fundamentales de un proceso cósmico de circulación de las fuerzas divinas que eran necesarias para dar movimiento y continuidad a los seres del mundo del hombre."

Dicho lo anterior, sólo nos queda iniciar nuestro recorrido por el mundo de los muertos. Aquí encontraremos el rostro de la muerte creado por el hombre a su imagen y semejanza...

EDUARDO MATOS MOCTEZUMA

[1] Ver los *Cantares Mexicanos*

[2] Sahagún, fray Bernardino, *Historia general de las cosas de la Nueva España*, Ed. Porrúa, 4 tomos, México. 1956.

[3] *Códice Vaticano* 3738

[4] Matos Moctezuma, Eduardo, *El rostro de la muerte*, Ed. GV. 198, México.

[5] Sahagún, *op. cit.*

[6] Alcina Franch, José, "Procreación, amor y sexo entre los mexicas", en *Estudios de Cultura Náhuatl*, núm. 21, México, 1991, pp. 59-82.

[7] León-Portilla, Miguel y Librado Silva Galeana, *Huehuehtlahtolli. Testimonios de la antigua palabra*, Ed. SEP-FCE, México, 1991.

[8] Sahagún, *op. cit.*

[9] Caso, Alfonso, *El pueblo del Sol*, FCE., México, 1986.

[10] *Popol-Vuh*, FCE, México, 1994.

[11] Caso, Alfonso, *op. cit.*

[12] León-Portilla, *op. cit.*

[13] López Austin, Alfredo, *Tamoanchan y Tlalocan*, FCE, México, 1994.

CATÁLOGO
156-222

156

LA GUERRA

MURCIÉLAGO
Indefinida
Cerámica
207 × 63 × 33 cm
Museo del Templo Mayor, INAH,
México, D.F.
[10-263233]
Cat. 156

Escultura de un hombre-murciélago compuesta de varias secciones como son la cabeza, el torso y las piernas. Aunque el cuerpo tiene en general forma humana, la cabeza, las manos y los pies tienen los atributos del dios murciélago —llamado Tlacatzinacantli por los mixtecos— pudiendo apreciarse la enorme cabeza con grandes orejas y el hocico del animal. En manos y pies vemos las garras típicas. Como único atavío lleva un braguero y porta en el cuello como adorno una banda cilíndrica hueca escamosa de la que penden tres campanas cónicas cuyos badajos tienen forma de hueso. La escultura, cuyo estilo de manufactura posiblemente guarda relación con el área de Oaxaca (lugar en donde estaba muy extendido el culto al murciélago), estuvo originalmente cubierta por un pigmento negro del que aún vemos partes. En general el culto y el animal mismo estaba relacionado con la noche y el inframundo. Recordemos cómo en el *Popol-Vuh* se menciona que uno de los pasos en el camino a Xibalbá era, precisamente, la Casa en donde estaban los murciélagos. Por habitar en cuevas también se le relaciona con el mundo de los muertos, ya que por ellas se entraba al inframundo. Esta impresionante pieza fue localizada en el poblado de Miraflores, Estado de México, junto con una figura en cerámica del dios Xipe-Tótec.
EMM

157

157

pecho. Las manos descansan a ambos lados de la cintura y sobre el miembro tiene un rosetón de papel plegado propio de estas deidades. En los pies lleva sandalias con ataduras. Por su tamaño, esta figura resulta particularmente interesante ya que nos muestra con detalle el atavío de los sacerdotes dedicados al culto y rituales relacionados con la muerte. La escultura está formada por varios segmentos que se ensamblan entre sí, lo que es común en piezas de gran tamaño que conocemos procedentes del recinto ceremonial de los mexicas y en especial del Templo Mayor. EMM

SACERDOTE DE LA MUERTE
Mexica. Postclásico tardío
Cerámica
140 × 65 × 47 cm
MNA, INAH, México, D.F.
[10-222238]
Cat. 157

Escultura en la que vemos a un sacerdote dedicado al culto de la muerte. Lleva un tocado típico de algunas deidades relacionadas con el inframundo con largas orejeras que penden a los lados y caen hasta el pecho. Un collar con cuatro sartales le cubren prácticamente todo el

RELIEVE DE LA GUERRA
Mexica. Postclásico
Piedra
46 × 54 cm
MNA, INAH, México, D.F.
[10-78271]
Cat. 158

Lápida con representación de una escena de guerra en donde vemos a un personaje ricamente ataviado con largas plumas y adornos diversos. Frente a la cara de perfil podemos ver lo que parece ser un glifo en forma de cráneo, en tanto que en una de las manos se aprecia el escudo con un manojo de flechas con la punta hacia abajo. Toda la escena nos habla de un personaje importante por los atavíos, y su relación con la guerra queda de manifiesto al ir armado con los elementos ya descritos. La guerra jugó un papel importante en sociedades como estas, ya que la conquista traía aparejado un tributo necesario para la economía de los pueblos mesoamericanos. EMM

158

159-163

CUCHILLOS ROSTRO

Mexica. Postclásico tardío
Pedernal
17 × 7.5 × 2 cm
Museo del Templo Mayor, INAH,
México, D.F.
[10-220289]
Cat. 159

Mexica. Postclásico tardío
Pedernal
20.5 × 7.2 × 1 cm
Museo del Templo Mayor, INAH,
México, D.F.
[10-252376]
Cat. 160

Mexica. Postclásico tardío
Pedernal
20.5 × 7 × 1.4 cm
Museo del Templo Mayor, INAH,
México, D.F.
[10-252386]
Cat. 161

Mexica. Postclásico tardío
Pedernal
22 × 8 × 1.1 cm
Museo del Templo Mayor, INAH,
México, D.F.
[10-220284]
Cat. 162

Mexica. Postclásico tardío
Pedernal
23.2 × 6.7 × 1.3 cm
Museo del Templo Mayor, INAH,
México, D.F.
[10-220282]
Cat. 163

Mexica. Postclásico tardío
Pedernal
16.5 × 17 × 1.5 cm
Museo del Templo Mayor, INAH,
México, D.F.
[10-162932]
Cat. 164

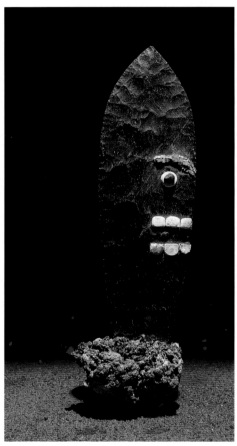

164

Objetos elaborados en pedernal con un rostro de perfil. Se trata de cuchillos personificados: *técpatl* (en náhuatl, pedernal), simbolizan el sacrificio humano. Siguiendo la forma del cuchillo, se observan rasgos humanos en un rostro descarnado. Los ojos están elaborados de pequeños círculos de sílex, al igual que los dientes y las pupilas de obsidiana o hematita.

El caso del cuchillo en una base de copal —resina de árbol— tiene, sobre los ojos una ceja manufacturada por pequeños mosaicos de turquesa.

El *técpatl* era, también, uno de los cuatro símbolos portadores de los años. Junto con *ácatl* ,"caña"; *calli,* "casa" y *tochtli*, "conejo". De igual manera, era el nombre de uno de los 20 días del calendario solar.

El cuchillo, *técpatl*, se encuentra representado —de perfil— en códices y siempre relacionado con el sacrificio humano.

Estos objetos se encontraron en la ofrenda 52, en el lado este del Templo Mayor, en la etapa constructiva VII; datan de 1500-1521. EMM

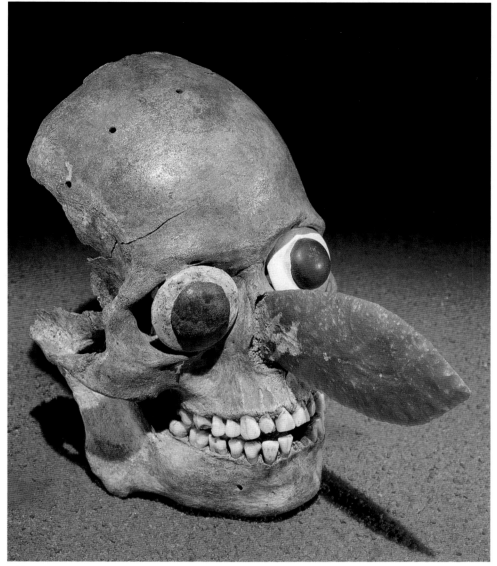

165

MÁSCARA CRÁNEO
Mexica. Postclásio tardío
Hueso, sílex
20.8 × 14 cm
Museo del Templo Mayor, INAH, México, D.F.
[10-220256]
Cat. 165

Máscara elaborada de un cráneo humano que nos remite al símbolo de la muerte. Su manufactura consistió en recortar la parte facial y frontal del cráneo. Se le han incrustado en las órbitas oculares discos de concha y, como iris, discos de pirita o hematita que dan el aspecto de una fijeza inquietante. La parte superior frontal presenta una hilera de pequeños agujeros que quizá sirvieron para insertar en ellos papel o cabello humano. Tiene un cuchillo introducido en la cavidad nasal (que simboliza cortar el aire, como elemento vital).

Existen otros ejemplos de máscaras-cráneo, que además de tener introducidos cuchillos en la nariz, los llevan también insertados dentro de la boca.

La máscara se localizó en la ofrenda 6 del lado sur de la plataforma de la fachada principal del Templo Mayor, perteneciente a la etapa constructiva IVb; data de los años 1469-1481. EMM

20 CRÁNEOS DE PIEDRA
Mexica. Postclásico tardío
Piedra recubierta de estuco
20 × 16 × 20 cm
MNA, INAH, México, D.F.
Cat. 166-169 y 170-185*

Conjunto de cráneos recubiertos de estuco que seguramente formaban parte de algún adoratorio, tal como se ha encontrado en uno de los edificios al norte del Templo Mayor de Tenochtitlan. Tienen espiga en la parte posterior precisamente para colocarlos uno junto al otro hasta formar un panel en las fachadas de los adoratorios, que por estos cráneos bien pudiéramos considerar como *tzompantli*. Recordemos que esta estructura —el *tzompantli*— podía tener este decorado y ser el lugar en donde se colocaban los postes atravesados por varas para poner en ellos los cráneos de los decapitados en determinadas ceremonias, cráneos que se reponían periódicamente. En ocasiones vemos una estrecha relación entre esta estructura y el juego de pelota ceremonial. Por cierto que el adoratorio encontrado junto al Templo Mayor se encuentra al norte del mismo, lo que no es de extrañar, ya que el norte es el rumbo de la muerte y del frío, siendo su glifo el cuchillo de sacrificios o *técpatl*. Algunas cabezas de españoles y de caballos fueron a parar al *tzompantli*. EMM

166-169

COPAS BICÓNICAS

Mexica. Postclásico tardío
Cerámica
28.5 × ø 12.5 cm
MNA, INAH, México, D.F.
[10-77820]
Cat. 186

Mexica. Postclásico tardío
Cerámica
28.5 × ø 12.5 cm
MNA, INAH, México, D.F.
[10-3344]
Cat. 187

Copas bicónicas policromadas en las que destaca un cráneo en relieve hacia la parte media de las piezas. Tanto los bordes como las bases están pintadas con una banda roja y la parte media profusamente decorada con motivos simbólicos en diversos colores. El cráneo también está policromado y está hecho con gran detalle y realismo notándose la mandíbula ligeramente abierta. Por sus características debieron utilizarse en determinadas ceremonias relacionadas con el culto a la muerte, tan común en los pueblos prehispánicos. Dos eran las fiestas que se celebraban entre los nahuas relacionadas

con la muerte: la de *Miccailhuitontli* o fiesta de los muertecitos que correspondía al mes de *Tlaxochimaco*, y la de *Hueymiccailhuitl* o fiesta grande de los muertos en el mes de *Xocotlhuetzi*. Al momento de la Conquista se adaptaron al calendario católico viéndose reducidas, por lo tanto, a los días finales de octubre y el 1 y 2 de noviembre. Aún persiste la idea en algunos pueblos indígenas nahuas de que primero vienen los niños muertos y después los adultos. EMM

186-187

188

sostiene dos dardos. Toda la escena está enmarcada por una serpiente con las fauces abiertas.

La parte superior de la urna muestra una decoración de posibles estrellas, correspondientes quizá al carácter nocturno de la divinidad. Una tapa de barro sin decoración alguna sella la urna funeraria, en cuyo interior se encontraron huesos humanos cremados pertenecientes, tal vez, a algún muerto en batalla. Plásticamente, esta pieza es muestra palpable de la habilidad artística de los pueblos de la costa del Golfo, así como del contacto cultural y comercial que los aztecas mantenían con esa zona. La urna es una de dos casi idénticas, encontradas en el Templo Mayor a poca distancia del monolito de Coyolxauhqui, en la etapa constructiva IVb; 1469-1481. EMM

URNA FUNERARIA
CON LA REPRESENTACIÓN
DE TEZCATLIPOCA
Costa del Golfo. Postclásico
Cerámica
34.1 × ø 17.5 cm
Museo del Templo Mayor, INAH,
Mexico, D.F.
[10-168823. 1/2]
Cat. 188

Urna funeraria en la que Tezcatlipoca está ataviado con un tocado de plumas de águila, un collar de grandes cuentas rectangulares, un pectoral circular con flecos, anchos brazaletes, ajorcas en los tobillos, el rostro simulando pintura facial y en el lugar del pie izquierdo tiene el espejo humeante, como hemos dicho. El dios está armando de un *átlatl* en la mano izquierda, mientras que en la derecha

ALTAR DE LOS ANIMALES
DE LA NOCHE
Mexica. Postclásico tardío
Piedra
57 × 68 × 63 cm
MNA, INAH, México, D.F.
[10-220921]
Cat. 189

Altar de los animales de la noche, así llamado por tener en cada uno de sus cuatro lados un animal o insecto asociado a la noche y a las deidades del inframundo. Así, vemos un murciélago colgando boca abajo, una araña, un escorpión y lo que pudiera ser una pulga con el conocido rosetón de papel plegado sobre la cabeza. Existen representaciones del dios Tlaltecuhtli, Señor de la tierra, que en su pelo tiene insectos asociados a la noche y a la muerte como los ya mencionados, además del ciempiés. Recordemos cómo este dios no estaba a la vista, sino que iba colocado, directamente a la tierra. Sabemos que en las diferentes culturas mesoamericanas se asociaban al inframundo animales e insectos como jaguares, perros, armadillos, culebras, lagartijas, murciélagos, hormigas, abejas, entre otros, además de los aquí representados. EMM

189

190

RELIEVE CON MOTIVOS DE
SACRIFICIO Y MUERTE
Mexica. Postclásico tardío
Piedra
43.5 × 15 × 18 cm
MNA, INAH, México, D.F.
[10-46652]
Cat. 191

Parte de un recipiente que muestra en uno
de sus lados un interesante motivo
relacionado con el sacrificio y la muerte.
En efecto, el grabado nos deja ver, en la
parte central, lo que parece ser un cuchillo
de sacrificios o *técpatl,* con su ojo y los
dientes característicos de estas
representaciones. Del extremo del cuchillo
salen unas fauces abiertas de serpientes
que parecen devorar a un personaje que
emerge de ellas. Encima de la cabeza del
personaje vemos el rosetón típico de los
dioses del inframundo. EMM

BLOQUE DE ITZPAPÁLOTL
Mexica. Postclásico tardío
Piedra
78 × 63 × 1.02 m
MNA, INAH, México, D.F.
[10-46699]
Cat. 190

Pieza cuadrangular con la representación
de Itzpapálotl o mariposa de obsidiana. La
figura está espléndidamente lograda y en
sus alas vemos pequeñas navajas. Guarda
relación con el fuego y por lo tanto con el
dios Xiuhtecuhtli; la diosa Itzapapálotl era
también patrona de los brujos malos y
regía la trecena quince del calendario
adivinatorio y ocupaba el séptimo lugar en
el *Tonalpohualli* de las trece aves o
insectos que acompañaban a los señores
de los días. En Teotihuacan fue
representada en múltiples ocasiones y lo
mismo ocurre en Oaxaca. Algunas
esculturas muestran la figura de la
mariposa a manera de pectoral. Como
puede verse, el culto a este insecto y lo
que representaba estuvo muy difundido en
el mundo prehispánico. EMM

191

192

MURAL DE TENAYUCA
Mexica. Postclásico tardío
Estuco y pintura
96 × 37 cm
MNA, INAH, México, D.F.
[10-148180]
Cat. 192

Fragmento de pintura mural procedente de Tenayuca en el que podemos apreciar huesos largos cruzados y cráneos de perfil. El artista mesoamericano no desaprovechó ningún medio para expresar toda una serie de símbolos. En este caso se trata, indudablemente, de una escena relacionada con la muerte. Motivos similares han aparecido también en el contexto del Templo Mayor de los mexicas en Tenochtitlan, lo que nos habla una vez más del culto que se tuvo a todo lo relacionado con la muerte como parte de la dualidad imperante en un mundo en que todo nacía y moría; de la muerte misma volvía a nacer la vida en un ciclo constante, de allí que tanto la vida como la muerte tuvieran igual presencia en el pensamiento del hombre nahua.
EMM

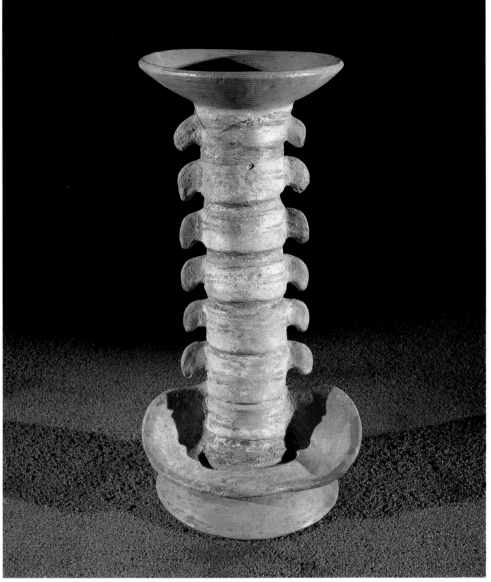

193

EXCÉNTRICO

Mexica. Postclásico tardío
Pedernal (sílex)
42.7 × 19 × 1.7 cm
MNA, INAH, México, D.F.
[10-393945]
Cat. 194*

Figura conocida como "excéntrico"
que muestra un cráneo humano de perfil
formando parte de lo que pudiera ser un
cuchillo de pedernal. La figura fue tallada
con base en corte y desgaste con otra
piedra más dura. La expresión del cráneo
no deja de impresionar con la boca
entreabierta y el elemento que sobresale en
las fosas nasales, que bien pudiera tratarse
de un cuchillo de pedernal como los que
se han encontrado clavados en cráneos
verdaderos en la misma posición. La pieza
resulta realmente excepcional dado el
trabajo y las características de la misma,
en donde vemos que guarda una estrecha
relación con la muerte. EMM

VASIJA EN FORMA DE COLUMNA VERTEBRAL

Zapoteca. Clásico
Cerámica
41.7 × ⌀ 16.5 cm
MNA, INAH, México, D.F.
[10-61337]
Cat. 193

Soporte para vasijas que representa parte
de una columna vertebral elaborada con
mucho realismo. En la parte baja vemos la
base anular sobre la que descansa el hueso
iliaco. De allí se elevan seis vértebras con
restos de color y en la parte alta tenemos
el espacio para colocar alguna vasija. Esta
pieza podemos considerarla como única,
dadas sus características. En Monte Albán
se ha encontrado gran cantidad de tumbas,
algunas de ellas con pintura mural en su
interior, correspondientes al momento que
los zapotecas habitan el lugar. También
tenemos datos de que varias de ellas
fueron reusadas posteriormente por los
mixtecos que arribaron al valle de Oaxaca
después del año 1000. La más conocida es
la famosa tumba 7 de Monte Albán, en
donde se encontró una rica ofrenda de oro
y otros materiales que fueron estudiados
por don Alfonso Caso. EMM

CAJETES CON DECORACIÓN DE
HUESOS Y CRÁNEOS
Mexica. Postclásico tardío
Cerámica
ø 10 cm promedio
MNA, INAH, México, D.F.
[532950; 10-1071; 50498; 45076; 393939;
3889]
Cat. 195-200*

Conjunto de platos (cajetes) de fondo
plano, policromados, en los que podemos
apreciar representaciones diversas de
cráneos y huesos cruzados. En algunos
casos vemos el color rojo y blanco y en
otros los colores blanco, ocre, café y rojo
de origen mineral. La cerámica fue un
elemento profusamente empleado en el
mundo prehispánico con fines de uso
cotidiano pero también ritual, como debió
ser el de estos platos, muchos de los
cuales se han encontrado en contextos
ceremoniales o acompañando al muerto
como parte de la ofrenda con la que se
acostumbraba enterrar, tal como ocurrió
en Tlatelolco.

Posiblemente su uso fue común dado
que contamos con algunos ejemplos de
ellos. EMM

201

VASO TEOTIHUACANO
CON EL DIOS MOFLETUDO
Teotihuacana. Clásico
Cerámica
25 × ø 28 cm
Zona arqueológica de Teotihuacan, INAH,
Estado de México
Cat. 201

Recipiente cerámico en forma de vaso
cilíndrico con tres soportes y con
decoración esgrafiada y aplicación
modelada de un rostro humano sobre su
cuerpo. Fue encontrada en San Francisco
Mazapa, Teotihuacan, en 1984, durante
las excavaciones de salvamento

arqueológico que se realizaban en ese
lugar. La cronología que se adjudica es
de 550-750 aproximadamente.

Es una pieza completa y en excelente
estado de conservación, de elegantes
y equilibradas proporciones,
manufacturada en cerámica café y con
un buen pulido en su superficie. Tiene
la base y el fondo planos, las paredes
rectas, ligeramente abiertas con soportes
cuadrangulares, calados y huecos con
dibujos en forma de triángulos. Lleva
hacia su base una moldura con decoración
esgrafiada y con motivos geométricos
delineados mediante delgados trazos.
Resalta en volumen sobre el cuerpo de la
vasija el rostro de una figura humana con

los párpados caídos y los pómulos salientes y redondeados. La cara de este personaje aplicada al pastillaje cubre casi toda la fachada de la vasija, complementando el decorado con delgadas líneas esgrafiadas y con motivos geométricos.

Esta pieza contenía en su interior los restos óseos de un infante, razón por la cual se le han atribuido funciones de una funeraria y el rostro que decora su cuerpo se ha interpretado como la representación de un individuo muerto. El sistema funerario de los antiguos teotihuacanos es muy variado y los enterramientos en urnas y vasijas fueron frecuentes, sobre todo cuando se trataba de infantes o recién nacidos cuyos restos colocados en vasijas funerarias eran posiblemente ofrendados. Es también posible que la efigie sobre el cuerpo de esta vasija se refiera al Dios Gordo o Dios Mofletudo teotihuacano; es muy frencuente en los vasos cilíndricos en relieve sobre la moldura inferior. MAT

EL MICTLÁN

CABEZA DE HOMBRE MUERTO
Mexica. Postclásico tardío
Piedra (basalto)
28.5 × 36 × 31 cm
MNA, INAH, México, D.F.
[10-193]
Cat. 202

Cabeza conocida como el "hombre muerto". El escultor anónimo que produjo esta obra dejó plasmadas en ella todas las características de un cadáver: la boca entreabierta, los párpados caídos y el rictus general expresado de manera genial en el rostro del personaje. El pelo está recortado a la usanza mexica. Posiblemente formaba parte de una escultura de cuerpo entero de la que sólo se conservó la cabeza. En lo que no hay duda es en lo magistral de la talla que logró transformar la piedra con otros instrumentos de piedra para convertirla en la expresión viva de la muerte.

Hay que recordar cómo al morir el individuo era envuelto en mantas para formar el bulto mortuorio, y se le colocaba una cuenta de piedra verde en la boca si era perteneciente a la nobleza o una de obsidiana si era gente del pueblo. EMM

202

PERRO AULLANDO
Mexica. Postclásico tardío
Piedra
48 × 20 cm
Museo Regional de Puebla, INAH,
Puebla.
[10-203439]
Cat. 203

Figura de un perro aullando. La importancia de este animal está en la relación que guarda con la muerte, ya que es conocida la función del perro en el viaje que el individuo muerto por causa natural tenía que emprender hacia el Mictlán. Nos dice Sahagún cómo para atravesar el último río o corriente de agua antes de llegar al noveno nivel del inframundo, en donde residían Mictlantecuhtli y Muictlancíhuatl, el individuo tenía que cruzarlo acompañado de un perrito color bermejo. El mismo Quetzalcóatl bajó al Mictlán acompañado de su nahual o gemelo en forma de perro. Aún hoy día, en grupos nahuas, se guarda la relación entre el perro y el cruce del río. EMM

203

204

rayo inferior, sobresale el *máxtlatl* o taparrabos de la deidad.

El monolito fue localizado en las excavaciones del Templo Mayor y data del año 1500, aproximadamente. Hallado como escombro, su colocación original se desconoce, aunque no es difícil adivinar que el relieve estaba en contacto con la propia tierra, es decir, hacia abajo, como usualmente se ubicaba este tipo de representaciones de Tlaltecuhtli, para visión exclusiva de los dioses. LC

RELIEVE DE TLALTECUHTLI
Mexica. Postclásico tardío
Piedra (basalto)
62 × 61.5 × 54 cm
Museo del Templo Mayor, INAH,
México, D.F.
[10-262523]
Cat. 204

Los mexicas consideraban a los seres en relación a cuatro elementos: tierra, aire, agua y fuego. Los adoraban y consideraban dioses. El ser supremo, Ometecuhtli, creó la tierra, dándole el carácter de dios bajo el nombre de Tlaltecuhtli, "Señor Tierra". Las representaciones de este dios son muy características. Regularmente parece una especie de feroz rana que todo devora. Guarda en su seno los despojos humanos, pero también de él surge la planta que

alimenta. Se le asocia con todo tipo de animales rastreros, insectos y huesos. Este relieve cuyas formas se contienen abigarradamente en el bloque, representa a la deidad con un tocado rectangular acompañado de tres círculos que semejan *chalchihuites;* anteojeras y bigotera adornan su faz y el hocico abierto evidencía sus colmillos. Estos elementos iconográficos son compartidos con Tláloc, divinidad del agua, y esta vinculación tal vez no sea fortuita, pues el monstruo del que se hizo la Tierra en apariencia es un ser acuático o anfibio. Manos y pies terminan en garras. En cada uno sostiene un cráneo y de las coyunturas de sus extremidades se detienen otros cuatro. En el centro de su cuerpo, un círculo rodeado de plumas contiene un *quincunce,* símbolo representativo de los cuatro rumbos y el centro del universo. De dicho círculo se desprenden tres rayos y, bajo el

172

205

LÁPIDA DE IZAPA
Izapa. Preclásico superior
Piedra
149 × 111 × 56 cm
MNA, INAH, México, D.F.
[10-82214]
Cat. 205

Magnífica escultura de un esqueleto sentado que posiblemente represente al Señor del mundo de los muertos. Está totalmente descarnado aunque sobre la cara parece que llevara una máscara. Por debajo de las costillas surge un elemento alargado (¿cordón umbilical?) que se relaciona con otras figuras que vemos en la parte alta de la lápida. Del hueso iliaco parten las extremidades inferiores, cada una flexionada de diferente manera. El brazo derecho está levantado. Las lápidas de Izapa, Chiapas, son conocidas porque en varias de ellas tenemos relación con rituales y mitos. La forma irregular de la misma es también característica de la región de donde proceden. Lo importante es resaltar que desde épocas muy tempranas se representó al Señor del inframundo que, como en este caso, guarda estrecha relación con elementos de vida. Por otro lado, en ella observamos la gran calidad y movimiento del conjunto que es buen ejemplo de la expresión alcanzada antes del surgimiento del Clásico maya. EMM

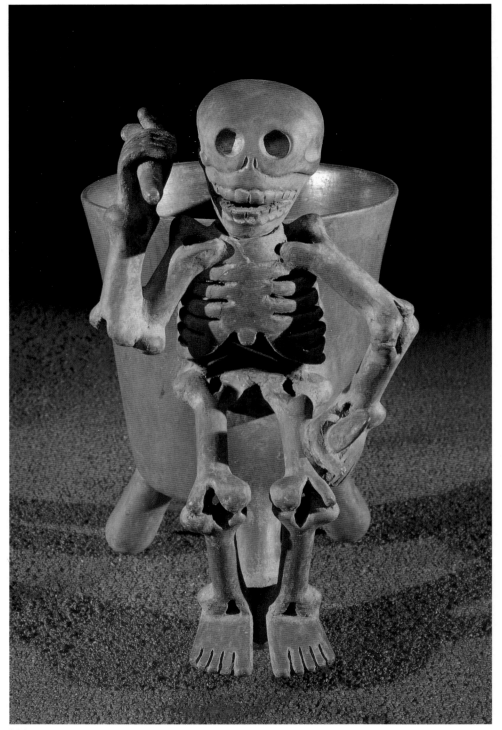

206

especiales es que la cabeza es movible y puede girar sobre el cuello, lo que la hace ser una pieza realmente excepcional. Una vez más estamos ante el culto a las deidades del inframundo como parte de la dualidad que el hombre prehispánico observaba en la naturaleza con los cambios de estaciones, en donde en la temporada de lluvias todo renacía y en la de secas todo moría. Por ello se consideraba al norte el rumbo del frío y de la muerte cuyo glifo era el cuchillo de sacrificios o *técpatl*. EMM

MICTLANTECUHTLI MIXTECA
Mixteca. Postclásico tardío
Cerámica
31 × 23 cm
MNA, INAH, México, D.F.
[10-78270]
Cat. 206

Vasija trípode en barro anaranjado que lleva adosada una figura del dios Mictlantecuhtli en forma de esqueleto, elaborada con gran realismo. En la mano derecha tiene una especie de bastón y en la otra lo que parece ser un navajón de sacrificio. La figura del dios es impresionante y una de sus características

207

levantados a ambos lados de la cabeza. Está ataviado con una pequeña falda y como adornos lleva largas orejeras además de portar adornos en brazos y tobillos, lo que resalta su jerarquía. No es de extrañar la presencia en el Templo Mayor de Tenochtitlan de figuras como estas, de las que por cierto se han encontrado dos, dado el culto que se rendía a las deidades de la muerte.

Esta pieza fue encontrada en la ofrenda 6 del Templo Mayor localizada al pie de la monumental escultura de Coyolxauhqui, debajo del piso de la plataforma de la etapa constructiva ivb, por lo que corresponde al año 1470, aproximadamente. EMM

VASO DE MICTLANTECUHTLI
Mexica. Postclásico tardío
Piedra verde
16.5 × 12.3 × ø 9 cm
Museo del Templo Mayor, INAH,
México, D.F.
[10-162964]
Cat. 207

Recipiente cilíndrico esculpido mediante corte y desgaste. Se trata de un vaso con la representación en relieve del dios del inframundo, Mictlantecuhtli. El dios está de pie y sobre el cráneo lleva el rosetón de papel plegado característico de las deidades relacionadas con la muerte. Los brazos, muy largos por cierto, están

175

208

MICTLANTECUHTLI

Totonaca. Clásico tardío

Cerámica

37 × 15 × 15 cm

Museo de Antropología de Xalapa,
Veracruz

[REG. 49 P.J. 128]

Cat. 208

El Señor del inframundo, Mictlantecuhtli, está aquí representado sentado y con los brazos cruzados descansando sobre las rodillas. Por tocado lleva una especie de gorro alto y el rostro da la impresión de estar riéndose. La escultura es realmente bella y nos habla del culto a la muerte y a los muertos que se rendía en la costa del Golfo. No hay que olvidar que Mictlantecuhtli, junto con Mictecacíhuatl,

Señora del inframundo, residían en el Mictlán o más profundo de los niveles inferiores, al que se llegaba después de no pocas peripecias por las que tenía que pasar el individuo muerto. Varios son los mitos que nos hablan de la presencia de estas deidades a las que siempre se les representa descarnadas y en ocasiones con adornos o braguero. EMM

ROSETÓN DE MICTLANTECUHTLI
Mexica. Postclásico tardío
Piedra (basalto)
101 × 49 × 26 cm
Museo de Sta. Cecilia Acatitlán, INAH,
Estado de México
[MNA 000038]
Cat. 209

Escultura que muestra el rosetón característico de las deidades de la muerte y del inframundo, consistente en un círculo de papel plisado con un cono al centro y bandas que cuelgan a sus lados. Este elemento lo vemos presente tanto en esculturas de deidades como en códices en donde se les representa. Si observamos con detenimiento las diferentes representaciones del Señor del inframundo, Mictlantecuhtli, expuestas aquí, podemos ver cómo lo llevan como adorno en la cabeza o en algunas otras partes del cuerpo. Es uno de los elementos típicos que caracteriza a este dios y que permite identificarlo. EMM

209

conocía como Cihuatlalpan o rumbo de las mujeres. Tiene un tocado con pequeñas calaveras y tiene orejeras circulares. Como collar porta dos manos y en medio un cráneo, lo que de inmediato nos recuerda el collar de la diosa de la Tierra, Coatlicue, quien tiene uno similar. El rostro es particularmente interesante y al parecer está revestido con una piel humana. Las manos o garras presentan la misma posición que vemos en otras piezas de estas mujeres-diosas, puestas al frente a manera de ataque. Tiene una falda y se alcanzan a ver las rodillas con la carne que las recubre.

La pieza ha sido colocada sobre un pedestal o base que tiene por decorado varios cráneos que lo rodean y en ambos bordes, tanto el inferior como el superior, vemos el decorado de estera. La pieza proviene de Calixtlahuaca, Estado de México, y no dudamos que se trata de una de las mejores representaciones de estas deidades relacionadas con la muerte. EMM

CIHUATETEO DE CALIXTLAHUACA
Mexica. Postclásico tardío
Piedra (basalto)
112 × 53 × 53 cm
MNA, INAH, México, D.F.
[10-9781]
Cat. 210

Escultura excepcional que muestra a una deidad femenina en la típica posición que guardan las *Cihuateteo,* o mujeres muertas en el trance del parto a las que les estaba destinado acompañar al Sol en una parte de su recorrido, del mediodía al atardecer, por lo que a esa región del universo se le

CIHUATETEO 1-ÁGUILA
Mexica. Postclásico tardío
Piedra (andesita)
71 × 48 × 44 cm
MNA, INAH, México, D.F.
[10-81667]
Cat. 211

Escultura con la figura de una *Cihuateteo* o mujer muerta en el parto. Se decía que a aquellas mujeres que morían en el trance del parto se les consideraba diosas, pues el parto se concebía como un combate en que el niño sería el prisionero. Por ello, el destino de estas mujeres era el de acompañar al Sol en una parte de su recorrido por el firmamento, del mediodía hasta el atardecer. Por eso se consideraba que el rumbo poniente del universo correspondía a las mujeres, en tanto que el oriente pertenecía a los guerreros muertos en combate o sacrificio, los que acompañaban al Sol desde el amanecer hasta el mediodía. El rumbo de las mujeres se consideraba la parte femenina del universo en tanto que el oriente era la parte masculina del mismo.

Estas figuras siempre guardan la misma posición: hincadas, con el rostro descarnado y el pelo crespo; las manos levantadas en forma de garras y los pechos descubiertos. Llevan por lo general falda y un cinturón anudado al frente. En ocasiones se les acompaña con un glifo, en este caso el "1-Águila". EMM

211

CIHUATETEO
Mexica. Postclásico tardío
Piedra
80 × ø 69 cm
MNA, INAH, México, D.F.
[10-220164]
Cat. 212

Representación de una *Cihuateteo* o mujer
muerta en parto. Desgraciadamente la
pieza está incompleta, pero sin embargo
nos permite apreciar las características
propias de estas figuras relacionadas con
el rumbo poniente del universo, ya que se
les destinaba a acompañar al Sol en esa
parte de su recorrido por el cielo. De allí
que se le denominara como Cihuatlampa
o rumbo de las mujeres, a diferencia del
oriente que era el rumbo destinado a los
guerreros muertos en combate o
sacrificados en honor de los dioses.
Diariamente estos últimos acompañaban
al Sol desde su nacimiento en el oriente
hasta el mediodía, y de allí las mujeres
muertas en parto lo acompañaban hasta
el atardecer. La representación del
Códice Fejérvary-Mayer nos muestra los
cuatro rumbos del universo y en medio al
dios Xiuhtecuhtli, Señor del fuego y
del año. EMM

213

CIHUATETEO
Totonaca. Clásico
Cerámica
140 × 58 × 35 cm
Museo de Antropología de Xalapa,
Veracruz
[49PJ4040]
Cat. 213

Impresionante escultura que representa a
una de las *Cihuateteo,* mujeres muertas
en parto a las que les estaba destinado
acompañar al Sol del mediodía hasta el
atardecer, por lo que les correspondía
el rumbo poniente del universo o
Cihuatlampa. En la mano izquierda trae
sujetada una cabeza humana decapitada,

180

la que está adornada profusamente. Alrededor del cuello tiene un collar de cuentas de barro con un pendiente circular. Llaman la atención las dos enormes serpientes que a manera de cinturón se entrecruzan en la cintura formando un gran nudo frontal. Como es característico en estas figuras, tiene los pechos desnudos en tanto que porta una falda que la cubre hasta los pies, los que asoman en la parte inferior.

No es de extrañar la calidad de la escultura pues bien conocemos que procedentes de Veracruz son algunas grandes figuras de barro, como es el caso del Mictlantecuhtli sedente encontrado en Zapotal. Por otra parte, existen varias representaciones como la que vemos, todas ellas de gran calidad artística. Algunos investigadores interpretan a esta deidad como Tlazoltéotl. EMM

214

CLAVO-CRÁNEO
Mexica. Postclásico tardío
Piedra (andesita)
47 × 48 × 100 cm
Museo de Santa Cecilia Acatitlán, INAH,
Estado de México
[000073]
Cat. 214

Magnífica talla en piedra de un cráneo humano que por su larga espiga posterior servía indudablemente para colocarse como parte de la arquitectura de algún templo. Los ojos muestran la típica forma elaborada con concha o hueso y pirita u obsidiana en el centro, tal como se han encontrado en algunas ofrendas de Tenochtitlan. La representación de la muerte fue común si entendemos que para el hombre prehispánico la muerte y la vida eran parte de un ciclo constante que se repetía incesantemente. Por su buen acabado, esta pieza resulta realmente excepcional dentro de la escultórica azteca. EMM

181

CABEZA DE COYOLXAUHQUI
Mexica. Postclásico tardío
Piedra
71 × 48 × 44 cm
MNA, INAH, México D.F.
[10-11641/10-220913]
Cat. 215

Cabeza monumental de la diosa
Coyolxauhqui encontrada en las
inmediaciones del Templo Mayor
de Tenochtitlan en el siglo XIX.
Seguramente perteneció a alguna de las
etapas constructivas de este edificio por su
relación con el mito del combate entre

esta diosa y Huitzilopochtli en
el cerro de Coatepec, cerro que queda
expresado en el Templo Mayor del lado
del dios de la guerra. La diosa tiene los
ojos semicerrados y en las mejillas lleva
los cascabeles de oro que le dan nombre.
Como nariguera y orejeras muestra el

215

símbolo del año. Tiene plumones en la cabeza y debajo, en el cuello cercenado, tiene el símbolo de la guerra. Estos mismos atributos están presentes, en mayor o menor número, en las seis figuras que de la diosa se han encontrado hasta el momento. Resulta interesante constatar que los dioses también mueren en los mitos y es el sacrificio y muerte de ellos los que harán surgir el Quinto Sol en Teotihuacan. En el caso de Coyolxauhqui y Huitzilopochtli, es el símbolo del destino del mexica que ve cómo su dios nace para combatir en contra de los poderes nocturnos representados en la deidad lunar (Coyolxauhqui) y sus hermanos las estrellas del sur, los 400 *huitznahua,* que diariamente son vencidos por el Sol (Huitzilopochtli) con la serpiente de fuego, la Xiuhcóatl, que simboliza el rayo solar. EMM

CABEZA SEMIDESCARNADA
Mexica. Postclásico tardío
Piedra (andesita)
52 × 42 × 43 cm
Museo de Sta. Cecilia Acatitlán, Estado de México
[MNA-000036]
Cat. 216

Rostro semidescarnado en el que podemos ver los ojos abiertos y los dientes y la mandíbula sin carne. Como adorno lleva orejeras y la nariguera de barra con un pendiente que cuelga frente a la boca.

Tiene el pelo ceñido por una banda de pequeñas plumas que se anuda en la parte posterior. Se trata de un fragmento de lo que debió ser una escultura de grandes dimensiones, con la figura de este personaje que claramente se asocia al inframundo. Aún se aprecian restos de la pintura roja y negra que lo recubría originalmente. EMM

216

ESCULTURA CON COLLAR DE MANOS Y CORAZÓN

Mexica. Postclásico tardío
Piedra
93 × 57 × 34 cm
MNA, INAH, México, D.F.
[10-81265]
Cat. 217

Escultura encontrada en el Metro de la Ciudad de México. Representa a una deidad sentada que trae al frente un collar de manos y corazones así como los mascarones de agudos dientes en las articulaciones, elemento que vemos presente en deidades relacionadas con la tierra. En esta escultura podemos apreciar el carácter múltiple de la escultura azteca en donde el artista no tenía límites para su expresión, ya que la cabeza de la deidad que no se aprecia si lo vemos de frente, se encuentra sobre la parte superior y plana de la misma, es decir que está viendo hacia el cielo. Algunos investigadores han querido identificarla como Tlaltecuhtli, el Señor de la tierra, en una forma un tanto inusual de representarlo. Otros la llamaron la Coatlicue del Metro. Quizá contenga en sí atributos de varias deidades, cosa común en el mundo prehispánico. EMM

217

BRASERO ANTROPOMORFO
Mexica. Postclásico tardío
Cerámica
91 × 76 × 57.5 cm
Museo Nacional de Virreinato, INAH,
México, D.F.
[10-133646]
Cat. 218

Enorme brasero que como principal
elemento tiene la figura de un personaje
descarnado que lleva como collar manos y
grandes orejeras circulares. Aún guarda
restos de la pintura que lo decoraba y del
borde del brasero salen puntas alargadas
que rodean el recipiente. Estos enormes
braseros —de los que se han encontrado
varios en Tlatelolco y Tenochtitlan aunque
con motivos diferentes— debieron
utilizarse en diversas ceremonias en
relación con la muerte. Originalmente se
encuentran cerca de estructuras
arquitectónicas, de donde se deduce que
bien pudieron estar asociadas o formando
parte de algún templo. Su función
ceremonial era evidentemente la de servir
para colocar dentro de él copal en
determinadas ceremonias. La producción
alfarera ceremonial fue enorme y se han
encontrado desde pequeños recipientes
de barro hasta elaborados braseros como
el que mostramos aquí. Hay que recordar
que todos los diferentes meses y días del
año estaban regidos por algún dios al
que se les dedicaba determinado ritual,
en donde las piezas de cerámica
—sahumerios, braseros, vasijas— eran
utilizados para tal fin. EMM

218

185

TRES BRASEROS CON SOPORTE
EN FORMA DE CRÁNEO
Mexica. Postclásico tardío
Cerámica
Alto 40 (promedio) 7 × ø 50 cm (promedio)
MNA, INAH, México, D.F.
[10-136281, [10-161171], s/n
Cat. 219-221

Ya hemos señalado cómo la cerámica fue
un material ampliamente utilizado para
hacer piezas para el culto. En este caso
podemos ver braseros en cuyo cuerpo se
aprecian calados en forma de cruz que
simbolizan los cuatro rumbos del universo
y la asociación, por lo tanto, con el dios
Xiuhtecuhtli, Señor del fuego y del año.
Otros adornos cubren en parte el cuerpo
de la pieza. Sin embargo, resulta
interesante ver que los soportes globulares
representan cráneos humanos, lo que los
relaciona con la muerte. Quizá su uso
ceremonial estuvo ligado con festividades
y rituales a las deidades del inframundo.
EMM

221

219

220

222

MICTLANTECUHTLI
Mexica. Postclásico tardío
Cerámica
176 × 80 × 50 cm
Museo del Templo Mayor, INAH,
México, D.F.
[10-264984]
Cat. 222

Imagen de Mictlantecuhtli, "Señor del Mundo de los Muertos", una de las deidades más veneradas por los mexicas cuando los españoles arribaron por primera vez a Mesoamérica.

De acuerdo con las concepciones religiosas de la época, residía en el noveno y más profundo de los pisos del inframundo, lugar de frío y de oscuridad que era el destino final de todas aquellas personas fallecidas por causas naturales. Mictlantecuhtli era representado como un ser esquelético o semidescarnado. Esta imagen mexica del siglo xv fue descubierta en 1994 por los miembros del Proyecto Templo Mayor/INAH en la intersección de las calles de Argentina y Justo Sierra, en el Centro Histórico de la Ciudad de México. Se compone de cinco partes de barro moldeado y modelado que fue cocido a baja temperatura. La cabeza tiene decenas de perforaciones donde se insertaba cabello natural crespo, rasgo típico de las deidades de la muerte. Sus brazos están flexionados hacia el frente con las garras en posición de ataque. Del interior de su caja toráxica emerge el hígado, órgano relacionado con las pasiones humanas y con el inframundo. Un braguero y un par de sandalias son las únicas prendas que porta. EMM

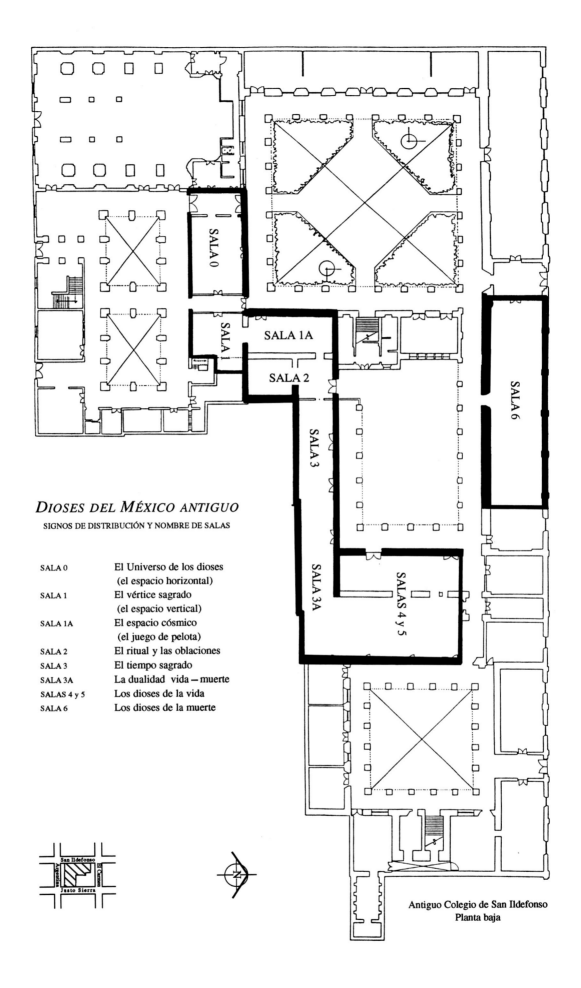

DIOSES DEL MÉXICO ANTIGUO

SIGNOS DE DISTRIBUCIÓN Y NOMBRE DE SALAS

SALA 0	El Universo de los dioses (el espacio horizontal)
SALA 1	El vértice sagrado (el espacio vertical)
SALA 1A	El espacio cósmico (el juego de pelota)
SALA 2	El ritual y las oblaciones
SALA 3	El tiempo sagrado
SALA 3A	La dualidad vida — muerte
SALAS 4 y 5	Los dioses de la vida
SALA 6	Los dioses de la muerte

Antiguo Colegio de San Ildefonso
Planta baja

San Ildefonso
Argentina · El Carmen
Justo Sierra

N

RESUCITAR A LOS DIOSES

Ya lo había advertido Crisóstomo: "Tristes son los pueblos que han perdido a sus dioses". Este, sin embargo, no ha sido precisamente el caso de México, que aún conserva sus antiguas divinidades. En nuestro orbe prehispánico, el verbo se hizo piedra, y si esas añosas esculturas ya no son lo que los antepasados imaginaron, tampoco pueden ser menospreciadas como si se tratara de monolitos relegados. Estamos ante formas y símbolos que durante siglos recibieron invocaciones y fueron adorados; obras sagradas que daban sentido al horizonte del hombre americano.

La gentilidad mexicana no sólo concibió un riquísimo panteón religioso, sino que también gustó de reunir y coleccionar a los númenes de otros pueblos. En el *Coateocalli* o "Casa de los diversos dioses", los mexicas congregaron a las distintas deidades de cuyo culto se tenía noticia, en particular a las de aquellos pueblos que habían sometido en sus continuas guerras. El *Coateocalli* se localizaba en pleno Templo Mayor, es decir, no lejos del actual Colegio de San Ildefonso, donde hoy día se dan cita nuevamente los "Dioses del México antiguo".

Para la museografía no existe un tema más seductor y para el mortal nada más paradójico que re-crear a los dioses. Empero, las divinidades mexicanas nunca antes habían sido convocadas como tema de exhibición. Ello se debió tal vez al miedo que otrora despertara la idolatría o quizás al desinterés de un siglo que, como el que está a punto de concluir, mostró poca inclinación hacia los temas religiosos. Lo cierto es que en esta exposición las deidades pretéritas despiertan una vez más emociones espirituales, que si bien no son de índole devota, en cambio provocan las mejores expresiones del arte; de esas que llevaron a hombres de talento como Justino Fernández a considerar que la representación de la Coatlicue Máxima, la diosa de la Tierra, constituía una obra cumbre del arte mexicano.

En sociedades tan teocráticas como las precolombinas, correspondió a los dioses sustentar la existencia del universo; por ese motivo, al ocurrir la violencia de la Conquista y la destrucción de los "ídolos", naufragó toda una explicación de la vida y de la permanencia americanas. Las deidades fueron derrumbadas o muti-

Plano de distribución de la exposición
◄ *Dioses del México antiguo.*

189

ladas, e incluso sus efigies sirvieron como claves constructivas para los nuevos templos. De manera simultánea, diosas como Tonantzin trascendieron a su escenario histórico y facilitaron la implantación de la nueva religión. Por suerte, muchas otras divinidades escaparon a la intolerancia de los hombres y hoy encuentran refugio seguro en los museos.

Dentro de estos recintos los dioses son valorados en su justa dimensión, y si el mutismo de la piedra aprisiona los poderes ocultos que se atribuían a aquello que representaban, la museografía aspira a destacar el lado amable de las que fueron deidades terribles a los ojos de Occidente. Así se exaltan los finos labrados de sus rostros y expresiones, amén de los materiales nobles sobre los que fueron esculpidas, talladas o modeladas.

En tiempos recientes se ha comentado con insistencia la similitud que existe entre los museos y los templos religiosos. Esta apreciación no es gratuita o circunstancial, ya que por un lado los primeros museos fueron templos griegos, y por el otro los museos de hoy podrían convertirse en algo así como las catedrales del mañana. Semejante predicción se origina en los millones de visitantes que acuden con fervor a estos sitios, adoptando a su ingreso actitudes de admiración, recogimiento y búsqueda de valores que transforman la estadía en una curiosa liturgia alterna.

Es en esa larga tradición de convergencia entre lo sagrado y lo humano que se expresa en los museos, donde queda inscrito el acierto de la presente exposición, ya que en ella se amalgamaron ambas vertientes para brindar la posibilidad de desarrollar un asunto crucial y una museografía a su altura. El acercamiento al tema y a las piezas fue concebido con el respeto que corresponde a lo divino, pues a pesar de que los dioses quedaron desprovistos tiempo atrás de sus antiguos atributos, continúan siendo patrimonio de una conciencia colectiva que impide sean abordados de manera irreverente.

Todo posible sacrilegio fue anulado para lograr que las deidades retornaran a sus pedestales, no con el afán de que volvieran a ser veneradas, pero sí apreciadas. El tratamiento cromático está acorde con este concepto: tonos variados pero sombríos propician un ambiente que enfatiza lo sacro y lo contemplativo. A pesar de que la piedra es la materia dominante y de que otras directrices museográficas exigirían reducir los elementos de utilería a su mínima expresión, se recurrió a un conjunto de ambientaciones realizadas en madera. Estas escenografías, necesarias para romper cualquier monotonía de las salas, habrían resultado demasiado pesadas si se hubieran ejecutado en piedra. Simulaciones de ofrendas, de un juego de pelota y de algún basamento o ruina, todas realizados en madera pero en tonalidades pétreas, evidencian una vez más los principios de nuestra museografía: colocar las piezas en su contexto y no de manera aislada, a diferencia de lo que sucede en las instalaciones sajonas.

Es preciso recordar que el Antiguo Colegio de San Ildefonso, a pesar de ser hoy en día uno de los grandes centros culturales del país, no fue planeado originalmente como museo, por lo que resultó necesario compensar adecuadamente sus espacios, resolviendo el problema de la circulación e integrando, en un todo, desde deambulatorios anexos a patios hasta la imponente "Capilla", sala donde culmina la presente exposición. La seguridad y conservación de las colecciones fueron otras preocupaciones prioritarias. No se pretendió solamente proteger ese patrimonio durante su exposición, sino también prevenir daños en la etapa de su manipulación y traslado. Ello requirió de cuidados y estrategias especiales. El volumen de inmensas esculturas en piedra, así como la fragilidad de pequeñas piezas en barro, obligaron a la elaboración de empaques hechos *ex-profeso* y a la presencia de personal especializado en el diestro manejo de los mismos. Reportes de estado de conservación de las obras, limpieza y tratamiento preventivo de ciertos objetos que así lo requerían, programación del instrumental necesario para el debido mantenimiento de las colecciones en salas, fueron tan sólo algunas de las medidas aplicadas.

Uno de los criterios generales más acertados que se siguieron, fue el de solicitar a la parte curatorial que estableciera un balance entre las obras seleccionadas. De esta manera, fue menester que ciertas piezas célebres estuvieran presentes, ya fuese por su carácter irremplazable o por su calidad de arquetipos. Asimismo se hizo acopio de ejemplares localizados en los depósitos o bodegas de varios museos y que resultaban poco conocidos por el gran público. Finalmente, algunas de las divinidades que ahora se exhiben fueron encontradas en fechas recientes, siendo el resultado tangible de los Proyectos Especiales de Arqueología. Fue de esta manera como se logró conjuntar un repertorio que difícilmente volverá a reunirse en mucho tiempo.

Con los criterios museológicos anteriormente enumerados, resultó posible determinar los ámbitos de competencia de cada uno de los diferentes equipos de trabajo museográfico, cuyas tareas específicas se detallan más adelante. Sin embargo, antes de llegar a ese punto, conviene recalcar que "Dioses del México antiguo" es una muestra organizada por el Consejo Nacional para la Cultura y las Artes, y por ello cuenta con el decidido apoyo del Instituto Nacional de Antropología e Historia. Desde los grandes repositorios arqueológicos de esta institución, como son el Museo Nacional de Antropología, el Museo Templo Mayor, los Museos Regionales de Yucatán y Puebla, hasta los museos con menores dimensiones pero poseedores de acervos igualmente fundamentales para el caso, entre los que se encuentran el Museo de Santa Cecilia Acatitlan, el Xólotl en Tenayuca, los Museos de Sitio de Teotihuacan, Chichén Itzá, Cuicuilco y algunos más localizados en el estado de Campeche, contribuyeron a materializar los guiones temáticos. Del mismo modo, otras instituciones culturales de la República participaron generosamente para que los dioses de regiones remotas también estuvieran presentes en este evento. En tal sentido destacan los Museos de Antropología de Xalapa y Toluca, el Museo Amparo de Puebla y el Museo Apaxco, que aceptaron desprenderse temporalmente de sus valiosos tesoros para compartirlos con el público que visite la muestra.

MUSEOGRAFÍA

Un total de 182 piezas de primer orden, sin contar lotes, integran la colección. Éstas ocupan la planta baja del ilustre inmueble que, para el presente evento, reservó una vasta superficie de 1 080 metros cuadrados de exposición y circulación continua, casi obligada. Una sala adicional fue destinada a los servicios educativos, cuya intención es la de hacer descender a las deidades mexicanas para que sean reconocidas por los visitantes más jóvenes, mediante la difusión de las hermosas leyendas que acompañaron a los orígenes del mito y al despertar de la memoria. Además del propio personal del plantel, capacitado en materia didáctica, voluntarios de diversas universidades han quedado encargados de atender a un público mayoritariamente joven.

Debido a que la exhibición es eminentemente escultórica, se previó que las imágenes que debían ser admiradas desde varios ángulos quedaran colocadas al centro, mientras que otras fueron arrimadas a muros ya para su protección o por exigencia misma de la obra. En algunos casos se optó por privilegiar la función original de las piezas: varios braseros, por ejemplo, volvieron a situarse en lo alto de remates simulados. En otra ocasión, una caja o altar, conocida como la "Piedra de Chalco", con relieves en las caras laterales, una de ellas figurando el árbol sagrado, sostenedor del universo, fue situada en el eje de su sala a modo de *axis mundi*.

Un aspecto más que se tomó en consideración fue el de que no sólo las efigies de las divinidades adornaran los salones, sino que también estuviese presente todo aquello que formaba parte de ese universo mágico: desde las ofrendas tributadas por los humanos a lo sobrenatural hasta el bestiario divino. Además, una sonorización de fondo ambienta y da vida a las silentes esculturas.

Inevitablemente, la muestra hará patente la riqueza del tema. Como en las demás grandes civilizaciones de la Antigüedad, una parte considerable del arte precolombino estaba consagrada a los dioses. Por tal motivo, no dejan de impactar las fecundas manifestaciones relacionadas con lo sacro. ¿Cómo no estremecerse ante un auténtico cuchillo ritual o ante un jaguar descarnado? Sin embargo, esta exhibición aspira a apartarnos de estereotipos como aquel que reduce nuestra antigua religión a los sacrificios humanos. Por el contrario, una compleja teocracia se asoma a través de dioses con rostros de hombres, serpientes emplumadas, yugos enigmáticos, calendarios perpetuos, dualidades, inframundos y el Quinto Sol. Expresiones fascinantes que la museografía resucita.

En esa capacidad de revivir, actualizar y transmitir emociones y conocimientos radica la esencia misma de la museografía. Poder transformar los espacios interiores, dar significación al contenido hasta el punto, a veces, de hacernos olvidar el continente arquitectónico, son productos del esfuerzo museístico. Ejemplo magnífico de estas aspiraciones lo dio el museógrafo y arquitecto italiano Carlo Scarpa, quien logró hacia 1964 uno de los hitos de la museografía moderna, al convertir varias barracas bombardeadas en escenario estético incomparable para exponer obras de arte que, dicho sea de paso, representaban imágenes religiosas. Lo antes expuesto debe dejar en claro que aquellos que lamentan la brevedad de las exposiciones temporales, desconocen que ese mismo carácter efímero —en el mejor de los sentidos— es el que hace tan motivante esta clase de eventos culturales. Corresponde entonces a los catálogos dejar memoria de las exposiciones para que no se pierdan irremisiblemente.

El primer paso que se dio para montar la exhibición "Dioses del México antiguo", consistió en fabricar maquetas a escala que permitieran determinar la exacta ubicación de cada pieza, respetando un mínimo de dos metros libres de circulación, con el objeto de no angustiar a los visitantes ni de poner en riesgo a las piezas. Por lo que respecta al color, se decidió que cada espacio de la muestra contara con una gama cromática distintiva, basada en un tono dominante, trabajado en diversos matices.

La imagen gráfica, por su parte, quedó plasmada fundamentalmente en estelas o grandes tableros verticales, gracias a los cuales también se lograron equilibrar los volúmenes de cada sala, reduciendo las alturas en relación con las piezas. A su vez, algunos tableros se destinaron exclusivamente a textos explicativos, mientras que en otros fueron plasmadas aquellas divinidades que no pudieron estar presentes físicamente en la muestra. El colorido de los tableros contrasta con la sobriedad de la colección. De esta suerte, la imagen visual cumple un doble propósito: ampliar el discurso de exposición y avivar su museografía.

En la Sala Introductoria, que fue tratada de manera distinta a las demás, se colocó un falso plafón en el que se reproduce, a escala monumental, una imagen del *Códice Fejérvary-Mayer,* en la cual aparecen los dioses de los cuatro rumbos y del centro de la Tierra. Este techo pintado no sólo sirve para adentrar al visitante en la temática de la exposición, sino también funciona como un elemento de gran impacto que advierte sobre la calidad gráfica con que fue realizada toda la muestra.

Las piezas exhibidas están rodeadas por muros que funcionan con diversos niveles de profundidad visual. Esto se logra a través de paisajes perfilados sobre las paredes, que asimismo cuentan con la peculiaridad de proporcionar un horizonte distintivo a cada uno de los salones. La serigrafía es la técnica predominante en la muestra, aunque también se recurre a dibujos directos sobre tableros, que agregan calidad artística a la museografía. Finalmente, un detalle que no se pasó por alto fue el de la correcta presentación de los textos, pues en ellos se utilizó una tipografía capaz no sólo de permitir la fácil lectura, sino al mismo tiempo de agregar un tono de modernidad a la puesta en escena.

ILUMINACIÓN

Es preciso admitirlo: por lo general, la iluminación es el lado oscuro de la museografía mexicana, su falla tradicional. Para superar tal estigma, se procuró esta vez la contratación de iluministas que imparten su especialidad en la Maestría de Museos, instituida en una de las principales universidades mexicanas. Evitar el calor excesivo al interior de las salas a causa de sistemas obsoletos, concentrar la luz sobre las obras maestras sin dañarlas, esparcirla cuando convenga sobre conjuntos y ambientaciones, alumbrar debidamente rostros y detalles sobresalientes, todo ello depende de esta técnica auxiliar de la labor museística. Una iluminación bien resuelta y dirigida es otra de las metas que se persiguieron; después de todo, fueron los dioses quienes supuestamente crearon la luz. Más que nunca, el alumbramiento de esta muestra ha podido cumplir con sus altas expectativas.

MONTAJE

No obstante las bondades de la iluminación, muchos empeños del trabajo museográfico tuvieron que permanecer a la sombra, sin que llegaran a ser percibidos por el gran público. Estos esfuerzos especializados, aunque no reconocidos, son los del montaje, de cuya eficiencia depende en grado mayor la calidad del proceso museístico. Dentro de tal rubro se inscriben la elaboración y colocación de soporterías que sostengan las piezas, evitando siniestros a causa de vibraciones y descuidos; la adaptación, mediante el uso de acrílicos, de toda clase de bases, siguiendo la forma de cada objeto; la búsqueda del mejor ángulo de las obras exhibidas, de común acuerdo con el curador, y muchas otras acciones que rara vez son valoradas con justicia. Esta etapa postrera de la museografía es, tal vez, la más creativa. Requiere de sensibilidad y larga experiencia no sólo en el manejo de las obras, sino en la resolución de composiciones. Si es cierto que muchas técnicas inciden en el quehacer museográfico, también resulta indiscutible que las artes se hacen presentes gracias a la paciente y delicada labor del montajista anónimo.

CONCLUSIÓN

Hecho el recuento somero de las labores emprendidas en el campo de la museografía, se vuelve pertinente mencionar que *Dioses del México antiguo* es una exposición acorde con las inquietudes que despierta el fin del milenio. Por tal motivo, el montaje de la misma quedó fincado en sólidas investigaciones, a través de las cuales se pretendió provocar reflexiones y mostrar un selecto conjunto de obras divinas que fueron concebidas y trabajadas por los hombres. En otras palabras, *Dioses del México antiguo* tan sólo anhela la resurrección de patrimonios tangibles e intangibles.

MIGUEL ÁNGEL FERNÁNDEZ
Y JOSÉ ENRIQUE ORTIZ LANZ

DIOSES DEL MÉXICO ANTIGUO

CURADURÍA

Eduardo Matos Moctezuma

Asesoría
Felipe Solís

Asistente
Lourdes Cué

MUSEOGRAFÍA

Miguel Ángel Fernández
José Enrique Ortiz Lanz

Asistentes
Margarita Montaño
David Aceves
Rubén Rocha

Diseño de la imagen gráfica
Margen Rojo S.C.

ANTIGUO COLEGIO DE SAN ILDEFONSO

Coordinadora Ejecutiva
Dolores Béistegui

Secretario del Comité Técnico
Crisanto Cacho

Subdirector Operativo
Jaime Abundis

Curador
José Sol

Exposiciones
Yolanda Trejo

Servicios al Público
Gabriela Rubello

Prensa y Difusión
Carlos Deveaux

Servicios Pedagógicos
Evangelina Villarreal
Marcia Larios

Administración
Regina Hernández

Seguridad
Alberto Santín

Voluntariado
Graciela Gamboa

Dioses del México antiguo

SE TERMINÓ DE IMPRIMIR
EL 15 DE NOVIEMBRE DE 1995